留学生中等学历教育丛书

留学生教育用书·

语 文

◎主 编 寇美睿 覃志坚

◎副主编 巫毅红 蒙 淑 陈少娟
　　　　 孙占群 杨程琪 黄嘉乐

电子工業出版社·

Publishing House of Electronics Industry

北京·BEIJING

内 容 简 介

本书主要面向学习中国语文基础知识的来华留学生，旨在帮助来华留学生打下较好的中文基础和中华文化基础。本书包括唐诗宋词、成语故事、说明文、记叙文、散文、文言文等六个单元十二课内容，关注词汇理解与积累、课文赏析、文化和基础知识的掌握。本书可以有效帮助学生循序渐进地掌握初级阶段语文学习应了解和掌握的语言知识及语文基础知识，同时，加深学生对中文的理解，增强学生对中华文化的认同感。

图书在版编目（CIP）数据

留学生教育用书. 语文 / 寇美睿，覃志坚主编.

北京 ： 电子工业出版社，2024. 9. -- ISBN 978-7-121

-48957-0

Ⅰ. H195.4

中国国家版本馆 CIP 数据核字第 2024YR1109 号

责任编辑：张　凌

印　　刷：北京建宏印刷有限公司

装　　订：北京建宏印刷有限公司

出版发行：电子工业出版社

　　　　　北京市海淀区万寿路 173 信箱　　邮编　　100036

开　　本：880×1 230　1/16　印张：7.25　字数：176.32 千字

版　　次：2024 年 9 月第 1 版

印　　次：2024 年 9 月第 1 次印刷

定　　价：39.00 元

凡所购买电子工业出版社图书有缺损问题，请向购买书店调换。若书店售缺，请与本社发行部联系，联系及邮购电话：（010）88254888，88258888。

质量投诉请发邮件至 zlts@phei.com.cn，盗版侵权举报请发邮件至 dbqq@phei.com.cn。

本书咨询联系方式：（010）88254583，zling@phei.com.cn。

前　言

　　本书适合具备 HSK（汉语水平考试）四级水平、来华接受中等学历教育的海外留学生及海外华校的学生使用。本书注重文化内容和语文基础知识的传授，既有利于学生了解学习优秀的中华文化，又能帮助学生掌握一定的语文知识。

　　本书针对来华留学生全日制中等学历教育教与学的特性，结合留学生学情特点编写，关注词汇理解与积累、课文赏析、文化和基础知识的掌握，知识点难易程度由浅入深、分布合理，可以帮助学生循序渐进地掌握初级阶段语文学习应了解和掌握的语言知识及语文基础知识。

　　本书包括唐诗宋词、成语故事、说明文、记叙文、散文、文言文等六个单元十二课内容，建议教学时间为一个学期（20 个教学周，每周不少于 6 学时）。每个单元均包括文体介绍、课文、课后习题三个部分；每一课都包括预习、课文、注释、写一写、想一想、读一读、练一练、拓展阅读等板块。预习注重引导；课文内容相对浅显，思想健康向上，具有代表性；注释配有较为详尽的注音以及与留学生汉语水平相适应的解释，通俗易懂；写一写强调基础知识的掌握和积累；想一想以问题为线索帮助学生更好、更深入地理解课文的重点和难点；练一练重在培养学生在语言表达、书写方面学以致用的能力；拓展阅读旨在丰富学生的知识储备，选取内容与课文相呼应，是课内知识的延伸和拓展。

　　中国文化软实力不断增强，来华留学生生源低龄化趋势明显，越来越多的海外青少年选择来华接受中等学历教育，为顺利就读中国高校、名校打下良好的基础。我们借助广西华侨学校华文教育基地的优势，以及多年从事海外留学生高中阶段教育工作积累的经验，结合教学中的实际需要，编写了本书。希望学生通过对本书的学习，了解更多的中华文化、中国精神，为今后的学习打下良好的文化基础。也希望通过此次教材改革实践，摸索出一条更适合留学生学习语文的特色之路。

　　由于编者水平有限，书中难免存在疏漏与不足之处，恳请广大读者批评指正。

教材编写组

目 录

唐诗宋词

本单元学习唐诗宋词。

诗是一种文学体裁，通过有节奏和韵律的语言反映生活，抒发情感。中国古代称不合乐的为"诗"，合乐的为"歌"，现代统称为诗歌。诗按内容可分为叙事诗、抒情诗、送别诗、山水田园诗、边塞诗、怀古诗、咏物诗等。唐诗，泛指唐朝时期的诗，是中华民族珍贵的文化遗产之一。唐代的古体诗，主要有五言和七言两种，近体诗有绝句和律诗两种。唐诗的代表人物主要有李白、杜甫、白居易等。

词是诗的别体，起于唐代，盛于宋代。词又称曲子词、长短句等。词由词牌和题目组成，词牌是词的调子的名称，不同的词牌在总句数、句数、每句的字数、声调上都有规定。宋词，是宋代盛行的一种文学体裁，是一种相对于古体的新体诗歌之一。宋词的风格主要分豪放派和婉约派，代表人物主要有苏轼、辛弃疾、柳永、李清照等。

在本单元，通过赏析经典诗词名作，感受诗词的语言之美、音韵之妙、意境之深远，从而提高同学们的文学素养和写作能力。学习时要注意正确诵读诗词，了解作者和创作背景，以便更好地理解作者的情感。

1 唐诗三首

早发白帝城

[唐]李白①

朝②辞③白帝④彩云间，
千里江陵⑤一日还⑥。
两岸猿⑦声啼⑧不住，
轻舟已过万重⑨山。

注释

① 李白（701—762），字太白，号青莲居士，是唐代伟大的浪漫主义诗人，被后人誉为"诗仙"，与杜甫并称"李杜"。李白其人爽朗大方，爱饮酒作诗，喜交友。李白有《李太白集》传世，他的代表作有《望庐山瀑布》《蜀道难》《将进酒》等。

② 朝（zhāo）：早晨。

③ 辞（cí）：告别。

④ 白帝：白帝城，今重庆市奉节县。

⑤ 江陵：今湖北省荆州市。

⑥ 一日还（huán）：一天就可以到达。

⑦ 猿（yuán）：猿猴。

⑧ 啼（tí）：鸣、叫。

⑨ 万重（chóng）山：层层叠叠的山，形容有许多。

课后习题

✏ 写一写

一、给下列加点的生字注音。

早发（　　） 朝辞（　　） 白帝（　　） 江陵（　　）

两岸（　　） 猿声（　　） 啼叫（　　） 轻舟（　　）

二、多音字组词。

朝 ｛ zhāo（　　　　）
　　　cháo（　　　　）

还 ｛ huán（　　　　）
　　　hái（　　　　）

重 ｛ chóng（　　　　）
　　　zhòng（　　　　）

发 ｛ fā（　　　　）
　　　fà（　　　　）

三、填空。

1.《早发白帝城》是＿＿＿代诗人＿＿＿＿创作的＿＿＿＿＿＿（诗歌体裁）。

2.《早发白帝城》第一、二句写了作者从＿＿＿＿乘船一日到达＿＿＿＿，第三、四句回忆了＿＿＿＿＿＿的壮丽景色。

💡 想一想

四、思考并回答问题。

1. 诗人从白帝城到江陵的途中看到了什么？听到了什么？

2. 这首诗描写了哪些景色？表现了诗人怎样的心情？

3. 从诗中找出表示船行驶速度快的诗句，想想诗人为何要这样写？

读一读

五、有感情地朗读并背诵全诗。

练一练

六、默写全诗。

七、同学们，当你离开自己的国家到中国读书时，你的内心有什么样的感受？开心？难过？还是依依不舍……请你结合当时的情景，仿写诗句。

合作实践

八、分小组合作完成主题为"寻诗李白"的PPT制作。

要求：

1．选择李白的一首古诗制作成PPT，内容包括：古诗全文、诗词大意及作品所表达的思想感情。

2．展示分享环节的解说由小组成员合作完成，每位成员都要有相应的小任务。

拓展阅读

静夜思①

[唐]李白

床前明月光，疑②是地上霜③。
举头④望明月，低头思故乡。

注释

① 静夜思：在静静的夜晚所引起的思念。
② 疑（yí）：好像。
③ 霜（shuāng）：附着在地面或植物上面的微细冰粒。
④ 举（jǔ）头：抬头。

译文 明亮的月光洒在窗户纸上，好像地上泛起了一层霜。我不禁抬起头来，看那窗外空中的一轮明月，不由得低头沉思，想起远方的家乡。

思考问题

《静夜思》也是李白的名作，请结合注释，了解古诗大意，用自己的话说一说诗歌表达了诗人怎样的思想感情，与《早发白帝城》相比两者有什么不同之处。

绝 句

[唐]杜甫①

两个黄鹂②鸣翠柳，
一行白鹭③上青天。
窗含西岭④千秋雪⑤，
门泊东吴⑥万里船。

注释

① 杜甫（dù fǔ）（712—770），字子美，自号少陵野老，后世称其为"杜少陵""杜工部"（官职）。唐代伟大的现实主义诗人，也称"诗圣"，与李白并称"李杜"。他的诗被誉为"诗史"，大多集于《杜工部集》，他的代表作有《登高》《春望》《春夜喜雨》等。

② 黄鹂（lí）：黄莺（yīng），一种羽毛鲜黄，鸣叫声悦耳动听的鸟类。

③ 白鹭（lù）：一种水鸟，羽毛多为白色，喜食鱼虾。

④ 西岭（lǐng）：西岭雪山。

⑤ 千秋雪：指西岭雪山上千年不化的积雪。

⑥ 东吴：古时候吴国的领地，江苏省一带。

课后习题

✎ 写一写

一、给下列加点的生字注音。

黄鹂（　　　） 鸣（　　）翠柳（　　　） 一行（　　　）

白鹭（　　） 含（　　） 岭（　　） 门泊（　　）

二、多音字组词。

行 ⎰ xíng（　　　　　）
　 ⎱ háng（　　　　　）

泊 ⎰ bó（　　　　　）
　 ⎱ pō（　　　　　）

三、填空。

1.《绝句》是_____代诗人_____创作的_____（诗歌体裁）。

2.《绝句》描绘了＿＿＿＿个独立的景色，分别是＿＿＿＿＿＿＿＿、＿＿＿＿＿＿＿＿、
＿＿＿＿＿＿＿＿、＿＿＿＿＿＿＿＿。

💡 想一想

四、思考并回答问题。

1. 本诗中描写颜色的词有哪些？描写声音的词是什么？

2. 本诗中哪些诗句是静态描写，哪些诗句是动态描写？

3.“窗含西岭千秋雪，门泊东吴万里船。”这句诗表达了诗人怎样的思想感情？

📯 读一读

五、在脑海中构想诗句画面，大声地朗读并背诵全诗。

练一练

六、默写全诗。

七、根据《绝句》中描写的景色，手绘图画并配上诗文。要求：

1. 结合诗句，发挥想象。

2. 字迹工整。

👤 合作实践

八、以小组为单位，合作仿写一首写景小诗并进行表演。要求：

1. 每句 5 或 7 个字。

2. 使用颜色词或动作词。

拓展阅读

穿花蛱蝶深深见，点水蜻蜓款款飞。

——《曲江二首（其二）》唐·杜甫

译文　但见蝴蝶在花丛深处穿梭往来，蜻蜓在水面款款而飞，时不时点一下水。

池上碧苔三四点，叶底黄鹂一两声。

——《破阵子·春景》宋·晏殊

译文　三四片碧绿的青苔点缀着池中清水，栖息在树叶下的黄鹂偶尔歌唱两声。

思考问题

1. 这两句诗中，描写颜色的词有哪些？描写动作的词有哪些？

2. 这两句诗中哪些句子是动态描写？哪些句子是静态描写？

赋得①古原草送别

[唐]白居易②

离离③原上草，一岁一枯荣④。
野火烧不尽⑤，春风吹又生。
远芳⑥侵⑦古道，晴翠⑧接荒城。
又送王孙⑨去，萋萋⑩满别情。

注释

① 白居易（772—846），字乐天，号香山居士。唐代伟大的现实主义诗人，被后人称为"诗魔（mó）""诗王"，与李白、杜甫合称为唐代三大诗人。白居易的诗歌题材广泛，形式多样，语言平易通俗，有《白氏长庆集》传世，他的代表作有《长恨歌》《琵琶行》《卖炭翁》等。

② 赋（fù）得：借古人诗句或成语命题作诗。诗题前一般都冠以"赋得"二字。这是古代人学习作诗或文人聚会分题作诗或科举考试时命题作诗的一种方式，称为"赋得体"。

③ 离离：青草茂盛的样子。

④ 枯荣（kū róng）：野草每年都会茂盛一次，枯萎（wěi）一次。枯：枯萎。荣：茂盛。

⑤ 尽（jìn）：完、没有了。

⑥ 远芳：草香远播。芳，指野草那浓郁（nóng yù）的香气。

⑦ 侵（qīn）：侵占、长满。

⑧ 晴翠（cuì）：草原明丽翠绿。

⑨ 王孙：本指贵族后代，此指远方的友人。

⑩ 萋萋（qī）：形容草木长得茂盛的样子。

课后习题

写一写

一、给下列加点的生字注音。

赋得（　　）　离离（　　）　枯荣（　　）　烧不尽（　　）

晴翠（　　）　荒城（　　）　萋萋（　　）　侵古道（　　）

二、多音字组词。

得 dé（　　　　　）　de（　　　　　）　děi（　　　　　）

三、填空。

1. 这首诗从"离离""_____""_____"三个词中可以看出描写的季节是_____。

2.《赋得古原草送别》是_____代诗人_____的成名作。此诗通过对_____的描绘，抒发送别_____时的_____之情。

💡 **想一想**

四、思考并回答问题。

1. 从诗中找出描写小草特点的诗句，并说说它的特点是什么？

2. 找出诗中描写朋友相送的诗句。作者在送别朋友时，他眼中繁茂的草是怎样抒发离别之情的？

3. 这首诗的名句"野火烧不尽，春风吹又生"告诉我们什么道理？

4. 这首诗的中心思想是什么？

📯 **读一读**

五、有感情地朗读并背诵全文。

🎋 **练一练**

六、默写全文。

七、如果你即将与朋友分离，你会跟他（她）说些什么？选用你喜欢的离别诗句赠别朋友。

合作实践

八、分小组完成唐诗朗诵表演。要求：

1. 吐字清晰，正确把握诗歌节奏。
2. 朗诵形式可大胆想象，可配音乐和道具。

拓展阅读

海内存知己，天涯若比邻。

——《送杜少府之任蜀州》唐·王勃

译文　四海之内有知己朋友，即使远在天边，也感觉像邻居一样近。

劝君更尽一杯酒，西出阳关无故人。

——《送元二使安西》唐·王维

译文　老朋友请你再干一杯美酒，向西出了阳关就难以遇到老朋友了。

思考问题

请说说以上诗句与课文中的诗句在表达离别时有什么不同？你更喜欢哪一句？为什么？

2 宋词两首

水调歌头·明月几时有

[宋] 苏轼①

明月几时有？把酒②问青天。不知天上宫阙③，今夕是何年④。我欲乘风归去⑤，又恐琼楼玉宇⑥，高处不胜⑦寒。起舞弄清影⑧，何似⑨在人间？

转朱阁⑩，低绮户⑪，照无眠⑫。不应有恨，何事⑬长向别时圆？人有悲欢离合，月有阴晴圆缺，此事⑭古难全。但⑮愿人长久，千里共婵娟⑯。

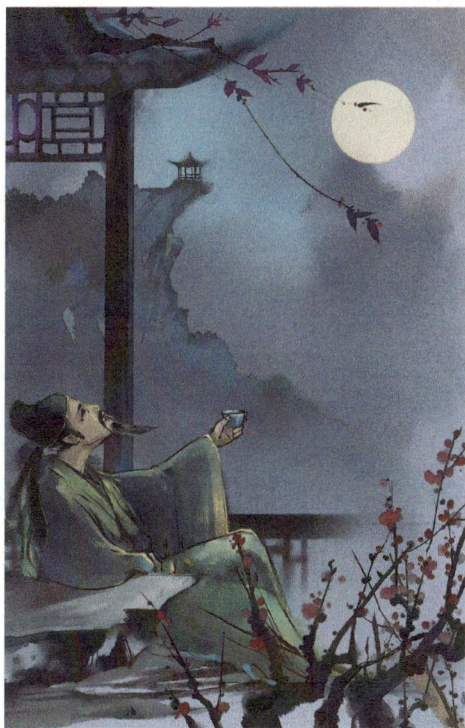

注释

① 苏轼（1037－1101），字子瞻（zhān），号东坡居士，四川眉山人，北宋杰出文学家、书画家，与父苏洵、弟苏辙并称"三苏"。其诗题材广阔，清新豪健，善用夸张比喻，独具风格；其词豪放，苏轼与辛弃疾同是豪放派代表，并称"苏辛"。苏轼的代表作有《题西林壁》《念奴娇·赤壁怀古》等。

② 把酒：端起酒杯。把，执、持。

③ 天上宫阙（què）：指月中宫殿。阙，古代城墙后的石台。

④ 今夕是何年：古代神话传说，天上只三日，世间已千年。古人认为天上神仙世界年月的

编排与人间是不相同的。所以作者有此一问。

⑤ 乘风归去：驾着风，回到天上去。作者在这里浪漫地认为自己是下凡的神仙。

⑥ 琼（qióng）楼玉宇：白玉砌成的楼阁，指想象中的月中仙宫。

⑦ 不胜：经受不住。胜，承担、承受。

⑧ 弄清影：在月光下起舞，自己的影子也翻动不已，仿佛自己和影子一起嬉戏，意思是月光下的身影也跟着做出各种舞姿。弄，赏玩。

⑨ 何似：哪里比得上。

⑩ 朱阁：朱红色的楼阁。

⑪ 绮（qǐ）户：刻有纹饰的门窗。

⑫ 照无眠：照着睡不着的人。

⑬ 何事：为什么。

⑭ 此事：指人的"欢""合"和月的"晴""圆"。

⑮ 但：只。

⑯ 千里共婵（chán）娟（juān）：虽然相隔千里，也能一起欣赏这美好的月光。共，一起欣赏。婵娟，本意指妇女姿态美好的样子，这里指月亮。

课后习题

写一写

一、根据拼音写汉字或给加点的生字注音。

苏轼（   ）遥问天上宫阙（   ），何事长（   ）向别时圆？在月光低照绮（   ）户之间无眠，chán juān（   ）（   ）有意，必定起舞弄（   ）人间清影。

二、解释加点的词。

把酒问青天（   ）   高处不胜寒（   ）

起舞弄清影（   ）   何事长向别时圆（   ）

三、填空。

词的上阕从幻想上天写起，最后又回到热爱人间的感情上来，这中间显示作者感情起伏的词语分别是"＿＿＿＿＿＿＿""＿＿＿＿＿＿＿""＿＿＿＿＿＿＿"。

想一想

四、思考并回答问题。

上阕（片）

1．作者是在天上起舞还是在人间起舞？

2．"何似在人间"是说天上好，还是人间好？

3．词中哪一句体现了作者向往天上宫阙，不愿留在人间？为什么？

4．"我欲乘风归去，又恐琼楼玉宇，高处不胜寒。"这句话表达了作者怎样的思想感情？

5．"起舞弄清影"的"弄"字好在哪里？

下阕（片）

6．"转朱阁，低绮户，照无眠。"无眠人是谁？为何无眠？"转"和"低"这两个字有什么样的表达效果？

7．"人有悲欢离合，月有阴晴圆缺，此事古难全。"说明了什么道理？

8．词中表达作者美好愿望的句子是哪一句？表达了作者怎样的情感？

9．这首词表达了作者怎样的感情？

读一读

五、熟读并背诵全文，注意体会作者抒发的情感。

练一练

六、默写全文，注意标点符号。

七、给你最想念的人写一封信。要求：

1．写出自己的真情实感。

2．使用学过的诗词名句。

合作实践

八、分小组完成朗诵表演，情景自创。

拓展阅读

大江东去，浪淘尽，千古风流人物。

——《念奴娇·赤壁怀古》宋·苏轼

译文　长江向东流去，波浪滚滚，千古的英雄人物都（随着长江水）逝去。

会挽雕弓如满月，西北望，射天狼。

——《江城子·密州出猎》宋·苏轼

译文　我也能拉开雕弓像满月一样圆，随时警惕地注视着西北方，勇敢地将利箭射向入侵的敌人。

想当年，金戈铁马，气吞万里如虎。

——《永遇乐·京口北固亭怀古》宋·辛弃疾

译文　回想当年，（刘裕）他曾指挥金戈铁马，气吞万里山河，势如出山猛虎。

思考问题

1. 以上词句分别描写了什么场景？

2. 词句中运用了什么修辞手法？

如梦令·常记溪亭日暮

[宋]李清照①

常记②溪亭③日暮④,沉醉⑤不知归路。

兴尽⑥晚回舟,误入⑦藕花⑧深处。

争渡⑨,争渡,惊起一滩⑩鸥鹭⑪。

注释

① 李清照(1084—1155),号易安居士,宋代女词人,婉约派代表人物之一,有"千古第一才女"之称。李清照出生于书香门第,早期生活优裕。李清照的词,前期多写其悠闲生活,后期多悲叹身世,情调感伤。形式上善用白描手法,语言清丽,李清照著有代表作《如梦令·常记溪亭日暮》《声声慢·寻寻觅觅》《一剪梅·红藕香残玉簟秋》等。

② 常(cháng)记:时常记起。表示难忘。

③ 溪(xī)亭:临水的亭台。

④ 日暮(mù):黄昏时候。

⑤ 沉(chén)醉(zuì):大醉。

⑥ 兴(xìng)尽:尽了兴致。

⑦ 误(wù)入:不小心进入。

⑧ 藕(ǒu)花:荷花。

⑨ 争渡(dù):"争"与"怎"相通,表示"如何"的意思。渡,在水面前行。争渡,如何寻找归途。

⑩ 一滩(tān):一群。

⑪ 鸥(ōu)鹭(lù):这里泛指水鸟。

课后习题

✏ 写一写

一、给下列生字注音。

常（　　） 溪（　　） 暮（　　） 沉（　　） 醉（　　）

归（　　） 兴（　　） 尽（　　） 舟（　　） 误（　　）

藕（　　） 渡（　　） 滩（　　） 鸥（　　） 鹭（　　）

二、解释词语。

常记（　　　　　　） 溪亭（　　　　　　） 日暮（　　　　　　）

沉醉（　　　　　　） 兴尽（　　　　　　） 误入（　　　　　　）

💡 想一想

三、思考并回答问题。

1．从第一句和第二句可以知道作者在什么季节、什么时间、什么地点、做什么事？

2．"沉醉不知归路"中作者为何"沉醉"？"沉醉"和"不知归路"分别表现出作者怎样的心情？

3．作者醉后有何表现？

4．由"兴尽"可以知道什么？由"藕花"我们联想到作者在哪里？

5. "争渡"表达了作者怎样的心情？

6. 你从这首词中读出了哪些画面？

7. 这首词表现了作者怎样的思想感情？

📯 读一读

四、有感情地朗读并背诵全文，注意节奏和停顿。

🏰 练一练

五、默写全文，注意标点符号。

六、用现代语言改写本词。要求：

1. 以第一人称"我"进行叙述，注意内心情感的表达。

2. 抓住景物特点进行详细描写。

👤 合作实践

七、根据诗词内容分小组完成创意表演，情景自创。

📚 拓展阅读

问君能有几多愁？恰似一江春水向东流。

——《虞美人·春花秋月何时了》南唐·李煜

译文　要问我心中有多少哀愁，就像那不尽的春江之水滚滚东流。

多情自古伤离别，更那堪，冷落清秋节！

——《雨霖铃·寒蝉凄切》宋·柳永

译文　自古以来，多情的人总是为离别而伤感，更何况是在这冷清、凄凉的秋天。

思考问题

上面两句词分别写了哪种愁？

第二单元

成语故事

本单元学习成语故事。

成语是汉语中经过长期使用、锤炼而成的固定短语。其语法功能相当于词，但比词的含义更丰富，而且富有深刻的思想内涵。成语多来自于古代经典著作、历史故事和人们的口头故事，表达一定的意义，常带有一定的感情色彩，简短精辟，易记易用，是中华传统文化的一大特色。成语多为四字，也有三字、五字甚至七字以上的。学习成语时要结合它的来源或典故去体会成语的意思和内涵。

在学习本单元时，不能仅从成语字面上去理解，还应当深入了解成语的由来、内涵和寓意，这样既可以丰富知识，加深对成语的理解，还能让我们获得生活的启迪。

3　塞翁失马[①]

预习

★阅读课文，想一想这个故事中的主人公是谁？他遇到了什么事情？他是怎样对待这些事情的？邻居们的态度与他有何不同？

★通过阅读，你能说一说这个成语故事的寓意吗？

战国时期，在中国北方边塞[②]的一个小城里住着一位老人，人们称他塞翁[③]。他养了许多好马，远近闻名。有一天，塞翁的马群里突然走失了一匹马，邻居们听说了，纷纷过来安慰他。

有人说："老人家，一匹马丢了不算什么，您不是还有许多马吗？"

还有人劝道："老人家，您岁数大了，不要为一匹马伤了身体，要想开点儿啊！"

塞翁看到邻居们如此关心自己，心里十分感激，他对各位邻居拱拱手[④]，笑着说："多谢大家的关心，丢了一匹马损失不大，说不定还会带来什么福气呢！"

---

① 本文选自胡媛媛主编的《成语故事》。

② 边塞（biān sài）：靠近国境的地方。

③ 翁（wēng）：年老的男子；老头儿。

④ 拱（gǒng）手：又称作揖（yī），是古时汉民族的相见礼。行礼时，双手互握合于胸前。当代一般右手握拳在内，左手在外；若为丧事行拱手礼，则正好相反。

邻居们听了塞翁的话，非常不理解，心中暗想：马丢了，明明是一件倒霉事儿，大家劝他莫着急，他不着急已经很难得了，还说会有什么福气，真是莫名其妙①。

过了一段时间，大家都淡忘了此事。谁知不久，塞翁家丢失的那匹马不但自己跑了回来，而且还带回一匹匈奴②的骏马。左邻右舍听说后，又纷纷前来祝贺。

有人说："还是您老人家有福气！"

还有人称赞："您真是料事如神③啊！"

大家你一言，我一语，越说越高兴。可是塞翁听了邻居们的祝贺，却一点儿也高兴不起来，他满怀忧虑地说："白白得了一匹马，不见得是什么福气，说不定会惹④来什么祸害⑤呢！"

邻居们看到塞翁这副模样，又听了他的这番话，以为塞翁是故作姿态⑥，明明心里高兴却故意不说。但他们转念一想，塞翁不是那种不露声色⑦的狡猾⑧人，这更让大家费解了。

塞翁有个独生子，从小就非常喜欢骑马。他见那匹被带回来的匈奴马体形健美、神采非凡，非常喜爱，每天都要骑

---

① 莫名其妙（miào）：表示发生的事情很奇怪，解释不出道理来。

② 匈奴（xiōng nú）：中国古代游牧民族。

③ 料（liào）事如神：预料事情就如同神一样。形容对事情的猜测和事情发生的结果完全一样。

④ 惹（rě）：招引。

⑤ 祸害（huò hai）：祸事；灾难。

⑥ 故作姿态（zī tài）：故意做出某种样子。指装模作样，并非真心诚意。

⑦ 不露（lù）声色：内心活动不从语气和神态上显露出来。

⑧ 狡猾（jiǎo huá）：诡计多端，不可信任。

着这匹马出去走几趟。

一天，他骑得非常得意，便快马加鞭^①飞奔起来，一不小心从马背上翻落下来，腿被摔断了。邻居们听说塞翁的儿子出事了，又赶来劝慰。

一番好话过后，塞翁又开口了，他慢条斯理^②地说："大家不用太担心，摔断了腿却保住了性命，也许是福气吧！"

接连几件事，这老人家都有自己的说法，邻居们觉得他说的似乎都有那么一点儿道理，但怎么也想不明白：摔断了腿还能是什么福气呢？

事隔不久，境外的匈奴大举^③入侵^④，小城里所有的年轻人都被召集^⑤入伍，塞翁的儿子却因为摔断了腿而留了下来。

那场仗打得非常惨烈，几乎所有的将士都战死沙场^⑥，唯有塞翁的儿子因为瘸腿没被征兵而保全了性命。

正所谓："祸兮福所倚，福兮祸所伏^⑦。"福祸是相依的，我们应该像塞翁那样面对福祸，泰然处之^⑧。

① 快马加鞭（biān）：给跑得很快的马再加上一鞭子，使马跑得更快。比喻快上加快，加速前进。
② 慢条斯（sī）理：形容动作缓慢，不慌不忙。
③ 大举：指大规模地进行（多用于军事行动）。
④ 入侵（rù qīn）：此指以征服或掳掠（lǔ lüè）为目的强行进入。
⑤ 召（zhào）集：招集；通知人们聚集在一起。
⑥ 沙场：战场。
⑦ 祸兮（xī）福所倚（yǐ），福兮祸所伏（fú）：指福与祸相互依存，在一定条件下可以互相转化。兮，文言助词，相当于现代汉语的"啊"或"呀"。所，用在动词前，是结构助词，无义。倚，依靠。伏，隐藏。
⑧ 泰然处（chǔ）之：表示毫不在意，沉着镇定。

课后习题

✎ 写一写

一、给下列生字注音。

塞（　　　） 翁（　　　） 慰（　　　） 损（　　　） 惹（　　　）

骏（　　　） 赞（　　　） 祸（　　　） 鞭（　　　） 侵（　　　）

召（　　　） 瘸（　　　） 倚（　　　） 伏（　　　） 兮（　　　）

二、多音字组词。

倒 ⎰ dǎo（　　　　） ⎱ dào（　　　　）

舍 ⎰ shě（　　　　） ⎱ shè（　　　　）

处 ⎰ chǔ（　　　　） ⎱ chù（　　　　）

塞 ⎰ sài（　　　　） ⎱ sāi（　　　　）

三、填空。

1. 成语是汉语中经过长期使用、锤炼而成的_____短语，表示一定的意义，富有深刻的思想内涵，简短精辟，常带有一定的_____，是中国传统文化的一大特色，来自于古代经典_____、_____和人们的口头故事。成语多为_____字。

2. 正所谓："祸兮福所_____，福兮祸所_____。"福祸是_____的，我们应该像塞翁那样面对福祸，_____处之。

💡 想一想

四、思考并回答问题。

1. 塞翁的马怎么了？塞翁是怎么看待这件事的？

2. 丢失的马后来带回一匹匈奴的骏马，邻居们的态度是怎样的？塞翁对此事的态度又是怎样的？

3．文章从语言描写的角度刻画了塞翁怎样的性格特点？

4．看完"塞翁失马"的故事，你有什么想法？与同学们交流一下感想。

5．"塞翁失马"这个成语其实是八字成语，后边还有一句，你知道这句话吗？

读一读

五、请同学们分角色朗读课文。

练一练

六、有这样一句话："如果你掉进了一个池塘，不要难过。也许当你站起来的时候，你的口袋里会兜上几条鱼呢。"请联系课文故事内容，结合自己的生活体验，谈谈你对这句话的理解和认识。

合作实践

七、根据《塞翁失马》的故事情节，请同学们充分发挥想象，试着写一写《塞翁失马》的剧本，并完成情景剧表演，音乐、道具等可自行准备。

拓展阅读

开卷有益

宋太宗赵光义从小就喜欢读古书，他当上皇帝后，对史书更是钟爱，常常手不释卷。于是，宋太宗派大臣李昉（fǎng）等人收集、整理古书。

李昉等人花了好几年时间，摘录了一千六百多种古籍，终于编成了共计一千卷的《太平总类》。

宋太宗见了这部巨著，非常高兴，决定将这部巨著读完。他给自己设定了一个读书计划，规定自己每天必须阅读三卷。如果朝政

实在繁忙，抽不出时间按计划阅读，以后有空的时候也必须补读。就这样，用了整整一年的时间，宋太宗看完了整部《太平总类》，并将它更名为《太平御览》。

大臣们见宋太宗读书太劳神，纷纷劝他休息。宋太宗对他们说："我很喜欢读书，读书增长知识，对人的益处很多，而且我也并不觉得读书疲劳啊！古人常说：'行万里路，读万卷书。'我虽然不能行万里路，但读万卷书还是不难的。凡是喜欢读书的人，总有他读书的乐趣所在；如果不喜欢读书，就是按着他的脖子，他也读不进去的。"

由于读了大量的史书，宋太宗的学问十分渊博，处理国家大事也得心应手。大臣们见皇帝如此勤奋读书，也纷纷效仿。一时间，全国上下争相读书，蔚然成风。

（节选自胡媛媛主编的《成语故事》）

"开卷有益（kāi juàn yǒu yì）"这个成语故事告诉人们应当多读一些好书，开阔自己的眼界，修养身心，增长自己的内涵。当你读过一本书后，总会有所收获，有一些改变是潜移默化的，当你有一定积累时，自然会有一个明显的改变。

思考问题

1. 在生活中我们要如何开阔自己的眼界，提高自己的见识？

2. 你喜欢看什么内容的书籍？这些书对你有怎样的帮助？

4 闻鸡起舞①

预习

★阅读课文，你觉得本文主人公是一个怎样的人？你身边有没有这样的人？

★想一想这个成语故事告诉我们一个什么道理？

　　晋代的祖逖(tì)是个胸怀坦荡②、具有远大抱负③的人，他深感不读书无以报效④国家，于是每天勤学苦读。

---

① 本文节选自胡媛媛主编的《成语故事》。

② 胸怀坦荡（xiōng huái tǎn dàng）：也写作"坦荡胸怀"，意思是打开胸襟（jīn）容载万物，诚心实意地对待别人。胸怀，就是"心中所怀"，指人对事物的宽恕（shù）和承受力。

③ 抱负（bào fù）：指远大的志向、理想。

④ 报效（xiào）：为报答对方的恩情而为对方尽力。

祖逖广泛阅读书籍，认真学习历史，从中汲取①了丰富的知识，他还多次到京都洛阳求学。在日积月累中，他的学问大有长进。接触过他的人都说，祖逖是个能辅佐②帝王治理国家的人才。

祖逖二十四岁时，曾有人推荐③他去做官，但他没有答应，仍然不懈④地努力读书。后来，祖逖和幼时的好友刘琨一起担任司州主簿⑤。他与刘琨感情深厚，不仅常常同榻⑥而卧，同床而眠，而且还有着共同的远大理想：建功立业，复兴晋国。

一天夜里，祖逖翻来覆去睡不着。他想，怎样才能练好本领，为国效力呢？到了后半夜，他听到鸡叫的声音，受到启发，决心练一身过硬的本领，报效国家。于是他推醒刘琨，说："你听见鸡叫了吗？"刘琨迷迷糊糊地说："半夜听见鸡叫不吉利。"祖逖却说："不，我觉得咱们应该利用鸡鸣声，不如以后一听见鸡鸣声就起床练剑如何？"刘琨想了想，觉得是个好主意，便欣然⑦同意。

于是他们每天鸡鸣后就起床练剑。祖逖手持长剑，刘琨手挥大刀，在皎洁⑧的月光下，刀光剑影，认真地挥舞起来。春去冬来，寒来暑往，从不间断。

由于长期的勤学苦练，他们的武艺都很高强。后来，祖逖被封为镇西将军，他带领的队伍纪律严明，作战勇敢，打了不少胜仗，得到了老百姓的支持和拥护，实现了他报效国家的愿望。刘琨做了

① 汲（jí）取：吸收、摄取。常用于表示抽象事物。
② 辅佐（zuǒ）：多指政治上协助。
③ 推荐（tuī jiàn）：把好的人或事物向人或组织介绍，希望任用或接受。
④ 不懈（xiè）：不松懈。
⑤ 主簿（bù）：古代官名，是各级主官属下掌管文书的佐吏。
⑥ 榻（tà）：床。
⑦ 欣然：愉快的、高兴的样子。
⑧ 皎洁（jiǎo jié）：指（月光）明亮洁白。

征北中郎将，兼管并、冀、幽三州的军事，也使他的文才武略①得到了充分发挥。

课后习题

写一写

一、给下列生字注音。

晋（　　）　逖（　　）　坦（　　）　效（　　）　汲（　　）

佐（　　）　荐（　　）　懈（　　）　榻（　　）　剑（　　）

覆（　　）　挥（　　）　兼（　　）　略（　　）　勤（　　）

二、多音字组词。

长 ｛ cháng（　　　　）　zhǎng（　　　　）

累 ｛ lěi（　　　　）　lèi（　　　　）

间 ｛ jiān（　　　　）　jiàn（　　　　）

三、按原文填空。

1．晋代的祖逖是个_____、具有_____的人，他深感不读书无以_____国家，于是每天_____。

2．祖逖广泛阅读_____，认真学习历史，从中汲取了丰富的_____，他还多次到京都洛阳_____。在日积月累中，他的学问大有_____。

3．于是他们每天鸡鸣后就_____。春去冬来，寒来暑往，从不_____。

想一想

四、思考并回答问题。

1．"闻鸡起舞"这个成语讲述的是谁的故事？

2．祖逖为什么要勤学苦读？他是怎样做的？

---

① 文才武略（lüè）：既有文学才能，又有军事才能。形容文武兼备。

3. 文中哪个句子写出了祖逖与朋友刘琨感情深厚？

4. 请找出文中具体描写祖逖和刘琨勤学苦练的句子。

5. 最后祖逖实现他报效国家的愿望了吗？从这个故事中，你受到了什么启发？

6. 我们怎样才能成为一个对国家有用的人？

📣 读一读

五、赛读：比一比，看看谁读得既流利又标准。

🖌 练一练

六、请同学们复述并缩写"闻鸡起舞"的故事。

👤 合作实践

七、请同学们以小组为单位与大家分享课外成语故事。

📚 拓展阅读

熟能生巧

北宋时有一个叫陈尧咨的人，十分擅长射箭。有一天，陈尧咨在空地上练习射箭。他一连射出十支箭，有九支都射中了箭靶的圆心，围观的百姓见了都鼓掌叫好。陈尧咨不禁有些得意，他傲慢地向四周望了望，突然发现人群中有个卖油的老者只是微微点了点头，一副不以为然的样子。

陈尧咨见老者这副神情，有些生气，于是不客气地问道："你看我的箭射得怎么样？"老者看了看他，说："箭虽然射得不错，但也不过是手法熟练罢了。"陈尧咨一听大怒，问道："难道你有更高明的本领吗？"老者微微一笑，拿出一个装油的葫芦放在地上，又拿出一枚铜钱盖在葫芦口上。然后，老者拿起勺子舀了一勺油，将勺子高高举过头顶，手腕一抖，勺子里的油形成一条细细的油线，穿过铜钱中间的方孔，准确无误地倒进葫芦里，而铜钱上一滴油也没有沾到。围观的人见状纷纷鼓掌叫好。

老者看了看陈尧咨，说："其实，我也没有什么特殊的本领，只不过是熟能生巧罢了。"陈尧咨听了觉得非常惭愧，从此以后，他更加努力地练习射箭，再也不夸耀自己的本领了。

（选自龚勋主编的《成语故事》）

"熟能生巧（shú néng shēng qiǎo）"指对工作、技能等熟练了就能找到巧妙的方法。熟，熟练。巧，指技艺高超，灵巧。

思考问题

举例分享，说说生活中哪些事情可以熟能生巧？你是怎么做到的？

第三单元

说 明 文

本单元学习说明文。

说明文是一种客观地说明事物的文体，或说明事物的状态、性质、功能，或阐明事理。

为了把事物特征说清楚，或者把事理阐述明白，必须使用一定的说明方法。常见的说明方法有举例子、分类别、列数字、作比较、画图表、下定义、作诠释、打比方、摹状貌等。

说明要有顺序，这是使说明内容条理化的必要条件。常见的说明顺序有：时间顺序、空间顺序、逻辑顺序。

在本单元，通过阅读介绍中国建筑、园林、绘画艺术的文章，了解中国人民在这些方面的卓越成就，感受中国人的非凡智慧与杰出创造力。学习中要注意把握说明对象的特征，了解文章中使用的说明方法和说明顺序，体会说明文语言的严谨性与准确性。

5 赵州桥

预习

★你可能见过各种各样的桥，你能说说这些桥有什么共同点和不同点吗？

★阅读课文，找出赵州桥的特点。

河北省赵县的洨河上，有一座世界闻名的石拱桥，叫安济桥，又叫赵州桥。它是隋朝的石匠李春设计[1]并参加建造的，到现在已经有一千四百多年了。

赵州桥非常雄伟[2]。桥长五十多米，有九米多宽，中间行车马，两旁走人。这么长的桥，全部用石头砌成，下面没有桥墩，只有一个拱形的大桥洞，横跨在三十七米多宽的河面上。大桥洞顶上的左右两边，还各有两个拱形的小桥洞。平时，河水从大桥洞流过，发大水的时候，河水还可以从四个小桥洞流过。这种设计，在建桥史

---

① 设计（shè jì）：在正式做某项工作之前，根据一定的要求，预先制定方法、图样等。

② 雄伟（xióng wěi）：雄壮而伟大。

上是一个创举①，既减轻了流水对桥身的冲击力，使桥不容易被大水冲毁，又减轻了桥身的重量，节省了石料。

这座桥不但坚固②，而且美观③。桥面两侧有石栏，栏板上雕刻④着精美的图案：有的刻着两条相互缠绕⑤的龙，嘴里吐出美丽的水花；有的刻着两条飞龙，前爪相互抵着，各自回首遥望；还有的刻着双龙戏珠。所有的龙似乎都在游动，真像活了一样。

赵州桥体现了劳动人民的智慧⑥和才干⑦，是我国宝贵的历史文化遗产⑧。

课后习题

写一写

一、给下列生字注音。

洨（   ） 拱（   ） 隋（   ） 匠（   ） 砌（   ）

---

① 创举（chuàng jǔ）：从来没有过的举动或事业。

② 坚固（jiān gù）：结合紧密，不易破坏；牢固；结实。

③ 美观：外形好看；漂亮。

④ 雕刻（diāo kè）：在金属、象牙、骨头或其他材料上刻出形象。

⑤ 缠绕（chán rào）：本课指用带状或条状物盘绕在其他物体上。

⑥ 智慧（zhì huì）：正确认识、判断、发明、创造事物的能力。

⑦ 才干（gàn）：才能，办事的能力。

⑧ 遗（yí）产：本课借指历史上遗留下来的精神财富或物质财富。

墩（　　）　毁（　　）　坚（　　）　雕（　　）　缠（　　）

绕（　　）　抵（　　）　智（　　）　慧（　　）　遗（　　）

二、多音字组词。

爪 { zhǎo（　　　　）　zhuǎ（　　　　） }　　干 { gān（　　　　）　gàn（　　　　） }　　省 { shěng（　　　　）　xǐng（　　　　） }

三、填空。

1. 说明文是一种客观地说明事物的文体，或说明事物的状态、性质、功能，或阐明事理。常见的说明方法有：画图表、＿＿＿＿＿＿＿、摹状貌、下定义、＿＿＿＿＿＿＿、分类别、举例子等。常见的说明顺序有＿＿＿＿＿＿＿、＿＿＿＿＿＿＿、＿＿＿＿＿＿＿。

2. 按原文填空：这座桥不但坚固，而且美观。桥面两侧有石栏，栏板上雕刻着精美的图案：有的刻着＿＿＿＿＿＿＿＿＿＿＿＿＿＿＿＿＿＿＿＿＿＿＿＿＿＿，嘴里吐出美丽的水花；有的刻着＿＿＿＿＿＿＿＿＿＿＿，＿＿＿＿＿＿＿＿＿＿＿，＿＿＿＿＿＿＿＿＿＿＿；还有的刻着＿＿＿＿＿＿＿＿＿＿＿＿＿＿。所有的龙＿＿＿＿＿＿＿＿＿＿＿＿＿＿＿，真像活了一样。

💡 想一想

四、思考并回答问题。

1. 赵州桥有什么特点？

2. 第 2 段中"这种设计"指什么？其主要特点和作用是什么？

3. 第 3 段"这座桥不但坚固，而且美观。"在课文中起怎样的作用？

4. 本文运用了哪些说明方法？请举例说明。

5. 本文运用了什么说明顺序？请举例说明。

📖 读一读

五、有感情地朗读课文，背诵课文第3段。

📚 练一练

六、仿照课文，写一段文字，介绍一座你熟悉的桥。要求：

1．抓住其特点，按照一定的说明顺序有条理地说明。

2．使用2～3种说明方法。

3．运用关联词语"既……又……""不但……而且……""有的……有的……还有的……"。

👤 合作实践

七、纸桥承重大比拼。以小组为单位，设计并制作一座桥，看谁的桥既美观、结实，又承重量大。要求：

1．制作材料只能使用A4打印纸、胶水和透明胶。

2．对桥进行介绍，内容不少于150字，包括桥的名字、设计者、设计特点、代表意义等。

综合承重量、外观造型、介绍内容进行评分，得分最高组获胜。

📚 拓展阅读

永定河上的卢沟桥，修建于公元1189到1192年间。桥长265米，由11个半圆形的石拱组成，每个石拱长度不一，自16米到21.6米。桥宽约8米，桥面平坦，几乎与河面平行。每两个石拱之间有石砌桥墩，把11个石拱联成一个整体。由于各拱相连，所以这种桥叫作联拱石桥。永定河发水时，来势很猛，以前两岸河堤常被冲毁，但是这座桥极少出事，足见它的坚固。桥面用石板铺砌，两旁有石栏石柱。每个柱头上都雕刻着不同姿态的狮子。这些石刻狮子，有的母子相抱，有的交头接耳，有的像倾听水声，有的像注视行人，千态万状，惟妙惟肖。

茅以升

（本段节选自《中国石拱桥》。作者茅以升（1896—1989），字唐臣，江苏镇江人，桥梁专家、教育家。）

思考问题

1. 卢沟桥有什么特点？

2. 这段文字运用了什么说明方法？

6 苏州园林①

叶圣陶

预习

★中国古典园林艺术独具风格，被公认为世界园林之母，世界艺术之奇观。它们有什么样的建筑特点呢？通过查阅有关中国古典园林的图片、视频介绍等进行了解和总结。

★浏览课文，抓住文中各段的关键语句，把握课文大意。

苏州园林据说有一百多处，我到过的不过十多处。其他地方的园林我也到过一些。倘若②要我说说总的印象，我觉得苏州园林是我国各地园林的标本③，各地园林或多或少都受到苏州园林的影响。因此，谁如果要鉴赏④我国的园林，苏州园林就不该错过。

设计者和匠师们因地制宜⑤，自出心裁⑥，修建成功的园林当然各个不同。可是苏州各个园林在不同之中有个共同点，似乎设计者和匠师们一致追求的是：务必⑦使游览者无论站在哪个点上，眼前总是

---

① 选自《百科知识》1979年第4期。略有删节。原题为《"拙政诸园寄深眷"——谈苏州园林》。拙政园，苏州古典园林之一，始建于明正德年间（1506—1521）。

② 倘若（tǎng ruò）：如果，假如。

③ 标（biāo）本：在某一类事物中可以作为代表的事物。

④ 鉴（jiàn）赏：对文物、艺术品等的鉴定和欣赏。

⑤ 因地制宜（yí）：因，依据；制，制定；宜，适当的办法。根据各地的具体情况，制定适宜的办法。

⑥ 自出心裁（cái）：心裁，心中的设计、筹划。出于自己的创造，不抄袭、模仿别人。

⑦ 务必：必须、一定要。

一幅完美的图画。为了达到这个目的，他们讲究亭台轩榭^①的布局^②，讲究假山池沼的配合，讲究花草树木的映衬^③，讲究近景远景的层次。总之，一切都要为构成完美的图画而存在，决不容许^④有欠美伤美的败笔^⑤。他们唯愿游览者得到"如在画图中"的美感，而他们的成绩实现了他们的愿望，游览者来到园里，没有一个不心里想着口头说着"如在画图中"的。

我国的建筑，从古代的宫殿到近代的一般住房，绝大部分是对称的，左边怎么样，右边也怎么样。苏州园林可绝不讲究对称，好像故意避免似的。东边有了一个亭子或者一道回廊，西边决不会来一个同样的亭子或者一道同样的回廊。这是为什么？我想，用图画来比方，对称的建筑是图案画，不是美术画，而园林是美术画，美术画要求自然之趣，是不讲究对称的。

苏州园林里都有假山和池沼。假山的堆叠，可以说是一项艺术

---

① 轩榭（xuān xiè）：轩，有窗户的廊子或小屋；榭，建筑在台上的房屋。
② 布局：布，陈设，设置。对事物的规划和安排。
③ 映（yìng）衬：互相映照、衬托。
④ 容许：允许。
⑤ 败笔：诗文或书画中不好的地方。

而不仅是技术。或者是重峦叠嶂①，或者是几座小山配合着竹子花木，全在乎设计者和匠师们生平②多阅历③，胸中有丘壑④，才能使游览者攀登的时候忘却苏州城市，只觉得身在山间。至于池沼，大多引用活水。有些园林池沼宽敞，就把池沼作为全园的中心，其他景物配合着布置。水面假如成河道模样，往往安排桥梁。假如安排两座以上的桥梁，那就一座一个样，决不雷同⑤。池沼或河道的边沿很少砌齐整的石岸，总是高低屈曲任其自然。还在那儿布置几块玲珑⑥的石头，或者种些花草：这也是为了取得从各个角度看都成一幅画的效果。池沼里养着金鱼或各色鲤鱼，夏秋季节荷花或睡莲开放，游览者看"鱼戏莲叶间"，又是入画的一景。

　　苏州园林栽种和修剪树木也着眼在画意。高树与低树俯仰生姿。落叶树与常绿树相间，花时不同的多种花树相间，这就一年四季不感到寂寞。没有修剪得像宝塔那样的松柏，没有阅兵式似的道旁树：因为依据中国画的审美观点看，这是不足取的。有几个园里有古老

---

① 重峦叠嶂（chóng luán dié zhàng）：山峰一个连着一个，连绵不断。峦，连绵的山。

② 生平：人的整个生活过程，一生。

③ 阅历：过去所经历的事情。

④ 胸中有丘壑（hè）：意思是设计师和匠师的脑中有关于山水风景的高明构思。丘壑，山陵与溪谷，喻指深远的意境。

⑤ 雷同：相同、一样。

⑥ 玲珑：精巧细致。

的藤萝，盘曲嶙峋①的枝干就是一幅好画。开花的时候满眼的珠光宝气②，使游览者感到无限的繁华和欢悦③，可是没法说出来。

　　游览苏州园林必然会注意到花墙和廊子。有墙壁隔着，有廊子界着，层次多了，景致就见得深了。可是墙壁上有砖砌的各式镂空图案，廊子大多是两边无所依傍④的，实际是隔而不隔，界而未界，因而更增加了景致的深度。有几个园林还在适当的位置装上一面大镜子，层次就更多了，几乎可以说把整个园林翻了一番。

　　游览者必然也不会忽略另外一点，就是苏州园林在每一个角落都注意图画美。阶砌⑤旁边栽几丛书带草。墙上蔓延⑥着爬山虎或者蔷薇木香。如果开窗正对着白色墙壁，太单调⑦了，给补上几竿竹子或几棵芭蕉。诸如此类⑧，无非要游览者即使就极小范围的局部看，也能得到美的享受。

---

① 嶙峋（lín xún）：枯瘦的样子。

② 珠光宝气：珠、宝，指首饰；光、气，形容闪耀着光彩。形容服饰、陈设等非常华贵。

③ 欢悦：欢乐喜悦。

④ 依傍（bàng）：依靠。

⑤ 阶砌（qì）：台阶。

⑥ 蔓延：不断向周围扩展。

⑦ 单调（diào）：简单、重复而没有变化。

⑧ 诸（zhū）如此类：诸如，举例用语，表示不止一个。与此相似的种种事物。

苏州园林里的门和窗，图案设计和雕镂琢磨①功夫都是工艺美术的上品。大致说来，那些门和窗尽量工细而决不庸俗②，即使简朴而别具匠心③，四扇，八扇，十二扇，综合起来看，谁都要赞叹这是高度的图案美。摄影家挺喜欢这些门和窗，他们斟酌④着光和影，摄成称心满意的照片。

苏州园林与北京的园林不同，极少使用彩绘。梁和柱子以及门窗栏杆大多漆广漆⑤，那是不刺眼的颜色。墙壁白色。有些室内墙壁下半截铺水磨方砖，淡灰色和白色对衬。屋瓦和檐漏⑥一律淡灰色。这些颜色与草木的绿色配合，引起人们安静闲适的感觉。花开时节，更显得各种花明艳照眼。

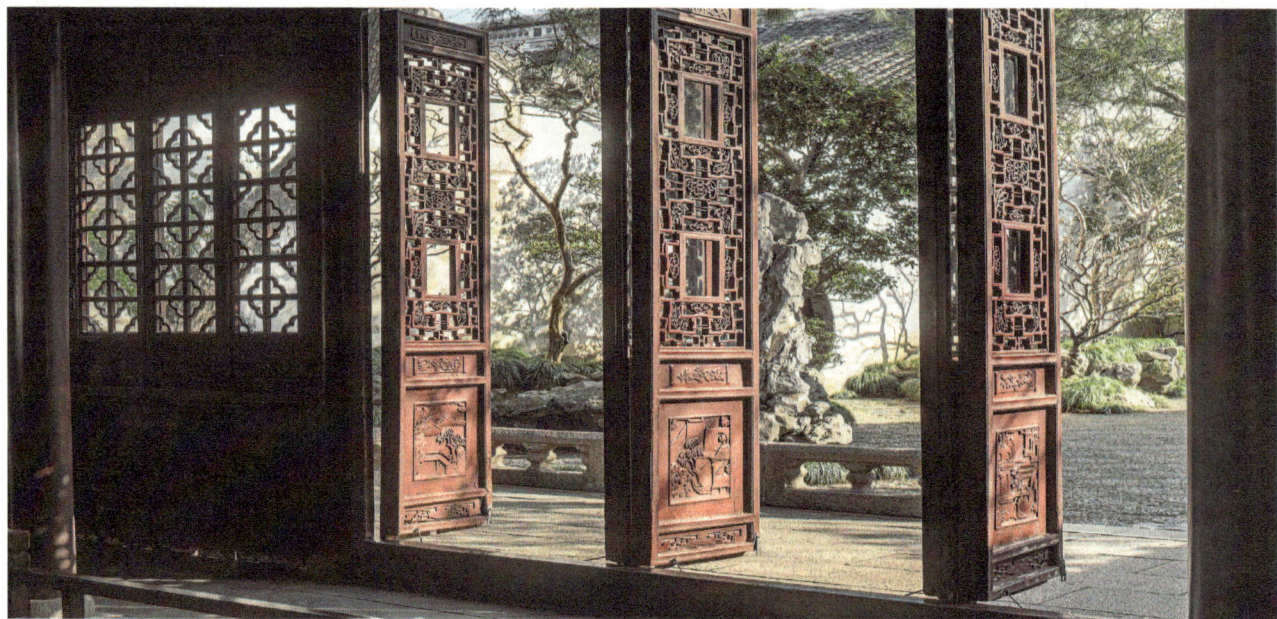

可以说的当然不止以上这些，这里不再多写了。

---

① 琢磨（zhuó mó）：雕刻和打磨。
② 庸俗（yōng sú）：平凡、粗俗。
③ 别具匠心：另有一种巧妙的心思（多指文学、艺术方面创造性的构思）。
④ 斟酌（zhēn zhuó）：反复考虑以后决定取舍。
⑤ 广漆：天然漆的一种。由熟漆或生漆加入熟桐油雕制而成，色棕黑。
⑥ 檐（yán）漏：屋檐下面承接雨水的横槽。

课后习题

写一写

一、给下列加点的生字注音。

鉴赏（　　　）　　映衬（　　　）　　丘壑（　　　）　　模样（　　　）

玲珑（　　　）　　审美（　　　）　　镂空（　　　）　　阶砌（　　　）

琢磨（　　　）　　尽量（　　　）　　重峦叠嶂（　　　）（　　　）

俯仰（　　　）（　　　）　嶙峋（　　　）（　　　）　斟酌（　　　）（　　　）

二、多音字组词。

处　{ chǔ（　　　）
　　 chù（　　　） }

称　{ chèn（　　　）
　　 chēng（　　　） }

假　{ jiǎ（　　　）
　　 jià（　　　） }

模　{ mú（　　　）
　　 mó（　　　） }

曲　{ qū（　　　）
　　 qǔ（　　　） }

尽　{ jǐn（　　　）
　　 jìn（　　　） }

三、填空。

1. 本文作者_____，原名叶绍钧，江苏苏州人。现代_____、_____、文学出版家和社会活动家，有"_____"之称。代表作品有_____等。

2. 选词填空：

（1）谁如果要_____我国的园林，苏州园林就不该错过。（欣赏、鉴赏）

（2）假山的堆叠，可以说是一项_____而不仅是_____。（技术、艺术）

（3）用图画来比方，对称的建筑是_____画，不是_____画。（美术、图案）

（4）廊子大多是两边无所_____的，实际是隔而不隔，界而未界。（依靠、依傍）

（5）游览者必然也不会_____另外一点（忽视、忽略），就是苏州园林在每一个角落都注意_____美。（图画、图案）

（6）这些颜色与草木的绿色配合，引起人们安静_____的感觉。（舒适、闲适）

💡 **想一想**

四、思考并回答问题。

1．文中哪句话说明了苏州园林的重要地位？

2．苏州园林的总体特征是什么？课文分别从哪几个方面进行了具体说明？

3．全文可以分为几个部分？分别写什么？

4．本文运用了哪些说明方法？请举例说明。

5．本文运用了什么说明顺序？请举例说明。

📢 **读一读**

五、准确、流利地朗读课文。

🏰 **练一练**

六、借鉴课文先总说后分说的写法，写一段文字，介绍你们国家的一座公园或建筑。
要求：

1．抓住其特点，有条理地进行说明。

2．使用 2～3 种说明方法。

3．字数不少于 150 字。

✍ **合作实践**

七、以小组为单位，介绍国家名胜。围绕主题，情景自创，形式不限。

拓展阅读

颐和园

北京的颐和园是个美丽的大公园。

进了颐和园的大门，绕过大殿，就来到有名的长廊。绿漆的柱子，红漆的栏杆，一眼望不到头。这条长廊有七百多米长，分成二百七十三间。每一间的横槛上都有五彩的画，画着人物、花草、风景，几千幅画没有哪两幅是相同的。长廊两旁栽满了花木，这一种花还没谢，那一种花又开了。微风从左边的昆明湖上吹来，使人神清气爽。

走完长廊，就来到了万寿山脚下。抬头一看，一座八角宝塔形的三层建筑耸立在半山腰上，黄色的琉璃瓦闪闪发光。那就是佛香阁。下面的一排排金碧辉煌的宫殿，就是排云殿。

登上万寿山，站在佛香阁的前面向下望，颐和园的景色大半收在眼底。葱郁的树丛，掩映着黄的绿的琉璃瓦屋顶和朱红的宫墙。正前面，昆明湖静得像一面镜子，绿得像一块碧玉。游船、画舫在湖面慢慢地滑过，几乎不留一点儿痕迹。向东远眺，隐隐约约可以望见几座古老的城楼和城里的白塔。

从万寿山下来，就是昆明湖。昆明湖围着长长的堤岸，堤上有好几座式样不同的石桥，两岸栽着数不清倒垂的杨柳。湖中心有个小岛，远远望去，岛上一片葱绿，树丛中露出宫殿的一角。游人走过长长的石桥，就可以去小岛上玩。这座石桥有十七个桥洞，叫十七孔桥。桥栏杆上有上百根石柱，柱子上都雕刻着小狮子。这么多的狮子，姿态不一，没有哪两只是相同的。

颐和园到处有美丽的景色，说也说不尽，希望你有机会去细细游赏。

（本文选自人教版课文《颐和园》。颐和园是中国清朝时期皇家园林，位于北京西郊，被誉为"皇家园林博物馆"。）

思考问题

1. 作者是按照怎样的顺序游览的，从文中的哪些语句可以看出来？

2. 颐和园作为北方园林的代表与叶圣陶先生介绍的苏州园林相比，两座建筑在色彩的运用上有什么不同？

第四单元

记 叙 文

本单元学习记叙文。

记叙文是以记人、叙事、写景、状物为主，以写人物的经历和事物发展变化为主要内容的一种文体形式。其特点是通过生动形象的事件来反映生活，表达作者的思想感情。

记叙文包括的范围很广，如日记、游记、传说、新闻、小说等，都属于记叙文的范畴。记叙文有六个要素——时间、地点、人物、事件的起因、经过、结果。常用叙述的顺序有顺叙、倒叙、插叙。

在这个单元，通过阅读记叙作者童年经历和描写身边人物的文章，整体感知文章内容，明确中心思想，理清段落结构，体会文章是怎样表达情感的。结合上下文理解词义和句义，领会词句在特定语言环境中的深层含义和作用，较好地掌握记叙文的阅读和写作技巧。

7 我的伯父鲁迅①先生

周 晔②

预习

★课文写了关于鲁迅先生的哪几件事?
★课文中的鲁迅先生给你留下了怎样的印象?

伯父鲁迅先生在世的时候,我年纪还小,根本不知道鲁迅是谁,以为伯父就是伯父,跟任何人的伯父一样。伯父去世了,他的遗体③躺在万国殡仪馆④的礼堂里,许多人都来追悼⑤他,向他致敬,有的甚至失声痛哭。数不清的挽联⑥挂满了墙壁,大大小小的花圈堆满了整间屋子。送挽联送花圈的有工人,有学生,各色各样的人都有。那时候我有点儿惊异⑦了,为什么伯父得到这么多人的爱戴⑧?我呆呆地望着来来往往吊唁⑨的人,想到我永远见不到伯父的面了,听不到他的声音了,也得不到他的爱抚了,

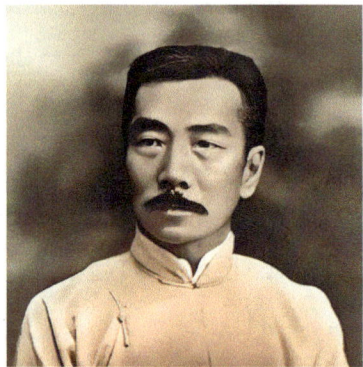

---

① 鲁迅(1881—1936):原名周树人,字豫才,浙江绍兴人。著名文学家、思想家、革命家,中国现代文学的奠基人之一。

② 周晔(yè)(1926—1984):浙江绍兴人。鲁迅是她的伯父。本文是周晔回忆伯父的文章。

③ 遗(yí)体:死者的身体(多用于所尊敬的人)。

④ 殡仪(bìn yí)馆:停放棺材和办理丧事的地方。

⑤ 追悼(zhuī dào):沉痛的怀念(死者)。

⑥ 挽联(wǎn lián):哀悼死者的对联。

⑦ 惊异(jīng yì):感到意外,奇怪。

⑧ 爱戴(dài):敬爱并且支持。

⑨ 吊唁(diào yàn):祭奠死者并慰问家属。

泪珠就一滴一滴地掉下来。

就在伯父去世那一年的正月里，一个星期六的下午，爸爸妈妈带我到伯父家里去。那时候每到周末，我们姐妹三个轮流跟随着爸爸妈妈到伯父家去团聚。这一天在晚餐桌上，伯父跟我谈起《水浒传》①里的故事和人物。不知道伯父怎么会知道我读了《水浒传》，大概是爸爸告诉他的吧。老实说，我读《水浒传》不过囫囵吞枣②地看一遍，只注意紧张动人的情节；那些好汉的个性，那些复杂的内容，全搞不清楚，有时候还把这个人做的事情安在那个人身上。伯父问我的时候，我就张冠李戴③地乱说一气。伯父摸着胡子，笑了笑，说："哈哈！还是我的记性好。"听了伯父这句话，我又羞愧④，又悔恨，比挨打挨骂还难受。从此，我读什么书都不再马马虎虎了。

那天临走的时候，伯父送我两本书，一本是《表》⑤，一本是《小约翰》⑥。伯父已经去世多年了，这两本书我还保存着。

有一次，在伯父家里，大伙儿围着一张桌子吃晚饭。我望望爸爸的鼻子，又望望伯父的鼻子，对他说："大伯，您跟爸爸哪儿都像，就是有一点不像。"

"哪一点不像呢？"伯父转过头来，微笑着问我。他嚼着东西，嘴唇上的胡子跟着一动一动的。

---

① 《水浒传》(shuǐ hǔ zhuàn)：中国古典四大名著之一，是第一部描写农民起义的章回体长篇小说。作者施耐庵。

② 囫囵吞枣 (hú lún tūn zǎo)：把枣子整个吞下去，比喻读书等不加分析地笼统接受。

③ 张冠 (guān) 李戴 (dài)：姓张的帽子戴到姓李的头上，比喻弄错了对象或者弄错了事实。

④ 羞愧 (xiū kuì)：感到羞耻和惭愧。

⑤ 《表》：鲁迅翻译作品。

⑥ 《小约翰》：鲁迅翻译作品。

"爸爸的鼻子又高又直，您的呢，又扁又平。"我望了他们半天才说。

"你不知道，"伯父摸了摸自已的鼻子，笑着说，"我小的时候，鼻子跟你爸爸的一样，也是又高又直的。"

"那怎么——"

"可是到了后来，碰了几次壁，把鼻子碰扁了。"

"碰壁？"我说，"您怎么会碰壁呢？是不是您走路不小心？"

"你想，四周黑洞洞的，还不容易碰壁吗？"

"哦！"我恍然大悟①，"墙壁当然比鼻子硬得多了，怪不得您把鼻子碰扁了。"

在座的人都哈哈大笑起来。

有一年的除夕②，我们全家都到伯父家里去了。伯父买了许多爆竹③和花筒给我们。我们都胆小得很，没有一个人敢放，伯父和爸爸就替我们放。他们每人捧了一大堆，走到天井里去。我们掩着耳朵，躲在玻璃门后面，睁大了眼睛望着他们。四扇玻璃门，我们三个和海婴一人占一扇。伯母和妈妈站在我们旁边。

爸爸放的是爆竹，声音真大，可怕极了，虽然关紧了门，掩住了耳朵，也照样听得见。我们紧张极了，气都不敢透一口。

爸爸放完爆竹，轮到伯父放花筒了。火花在我们眼前飞舞、艳丽的色彩映照在伯父的脸上。我突然注意到他脸上的表情，那么慈祥，那么愉快，眉毛，眼睛，还有额上一条条的皱纹，都现出他心

---

① 恍（huǎng）然大悟（wù）：忽然醒悟。

② 除夕（chú xī）：指农历一年最后一天的晚上。

③ 爆（bào）竹：现又名鞭炮，起源至今有 2000 多年的历史。在中国古代没有火药和纸张时，人们使用火烧竹子，使之爆裂发声，以驱逐瘟（wēn）神，因竹子焚烧发出"噼噼啪啪"的响声，故称爆竹。节日或喜庆日燃放，这种习俗反映了中国人民渴求平安幸福的美好愿望。

底的欢笑来。那时候，他的脸上充满了自然而和谐的美，是我从来没看见过的。

有一天黄昏时候，呼呼的北风怒号①着，天色十分阴暗。街上的人都匆匆忙忙赶着回家。爸爸妈妈拉着我的手，到伯父家去。走到离伯父家门口不远的地方，看见一个拉黄包车的坐在地上呻吟②，车子扔在一边。

我们走过去，看见他两只手捧着脚，脚上没穿鞋，地上淌了一摊血。他听见脚步声，抬起头来，饱经风霜③的脸上现出难以忍受的痛苦。

"怎么了？"爸爸问他。

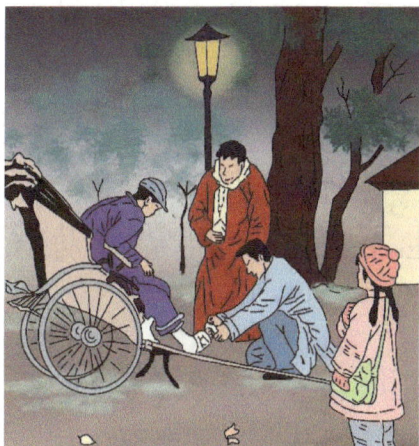

"先生，"他那灰白的抽动着的嘴唇里发出低微的声音，"没留心，踩在碎玻璃上，玻璃片插进脚底了。疼得厉害，回不了家啦！"

爸爸跑到伯父家里，不一会儿，就跟伯父拿了药和纱布出来。他们把那个拉车的扶上车子，一个蹲着，一个半跪着，爸爸拿镊子夹出碎玻璃片，伯父拿硼酸水给他洗干净。他们又给他敷上药，扎好绷带。

拉车的感激地说："我家离这儿不远，这就可以支持着回去了。两位好心的先生，我真不知道怎么谢你们！"

伯父又掏出一些钱来给他，叫他在家里休养几天，把剩下的药和绷带也给了他。

天黑了，路灯发出微弱的光。我站在伯父家门口看着他们，突

---

① 怒号（nù háo）：大声叫，文中用来形容风很大。
② 呻吟（shēn yín）：人因为痛苦而发出声音。
③ 饱经风霜（bǎo jīng fēng shuāng）：经历过很多艰难困苦。

然感到深深的寒意，摸摸自己的鼻尖，冷得像冰，脚和手也有些麻木了。我想，这么冷的天，那个拉车的怎么能光着脚拉着车在路上跑呢？

伯父和爸爸回来的时候，我就问他们。伯父的回答我现在记不清了，只记得他的话很深奥①，不容易懂。我抬起头来，要求他给我详细地解说。这时候，我清清楚楚地看见，而且现在也清清楚楚地记得，他的脸上不再有那种慈祥②的愉快的表情了，他变得那么严肃。他没有回答我，只把枯瘦③的手按在我的头上，半天没动，最后深深地叹了一口气。

伯父逝世以后，我见到他家的女佣阿三。阿三是个工人的妻子，她丈夫失了业，她愁得两只眼睛起了蒙，看东西不清楚，模模糊糊的像隔着雾。她跟我谈起伯父生前的事情。她说："周先生自己病得那么厉害，还三更半夜地写文章。有时候我听着他一阵阵接连不断地咳嗽，真替他难受。他对自己的病一点儿也不在乎，倒常常劝我多休息，不叫我干重活儿。"

的确，伯父就是这样的一个人，他为自己想得少，为别人想得多。

课后习题

✎ 写一写

一、给下列生字注音。

悼（　　） 挽（　　） 抚（　　） 囫（　　） 囵（　　）

羞（　　） 愧（　　） 悔（　　） 恍（　　） 悟（　　）

爆（　　） 皱（　　） 呻（　　） 吟（　　） 淌（　　）

---

① 深奥（ào）：（道理、含义）高深不容易了解。
② 慈祥（cí xiáng）：（老年人的态度、神色）和蔼安详。
③ 枯瘦（kū shòu）：干枯消瘦。

摊（　）蹲（　）镊（　）敷（　）扎（　）

奥（　）慈（　）祥（　）逝（　）嗽（　）

二、多音字组词。

挨｛ āi（　　　）
　　ái（　　　）

更｛ gēng（　　　）
　　gèng（　　　）

号｛ hào（　　　）
　　háo（　　　）

正｛ zhèng（　　　）
　　zhēng（　　　）

三、把词语补充完整。

张（　）李（　）　　（　）（　）吞枣　　三（　）半（　）

（　）经风（　）　　（　）声（　）哭　　接（　）不（　）

四、根据课文完成下列短语。

（　　　）的人　　（　　　）地看　　（　　　）地乱说

（　　　）的脸　　（　　　）的手　　（　　　）的北风

五、根据课文完成填空。

1.《我的伯父鲁迅先生》是＿＿＿＿写的一篇回忆性文章，通过作者回忆＿＿＿＿、＿＿＿＿、＿＿＿＿、＿＿＿＿、＿＿＿＿这几件事。表达了作者对鲁迅先生＿＿＿＿＿＿＿＿＿＿＿＿的感情。

2．结合课文，理解词、句的含义。

（1）"四周黑洞洞的"是指：＿＿＿＿＿＿＿＿＿＿＿＿＿＿。

（2）"碰壁"是指：＿＿＿＿＿＿＿＿＿＿＿＿＿。

（3）"哈哈！还是我的记性好。"这句表面上是在夸自己，实际上是鲁迅先生＿＿＿＿＿＿＿＿＿＿＿＿＿＿＿＿＿＿。

💡 想一想

六、思考并回答问题。

1. 第 1 段哪些句子能看出来鲁迅先生深受人们的爱戴？

2. 为什么"我"听了伯父的话会"又羞愧，又悔恨，比挨打挨骂还难受"？

3. 伯父他是怎样救助车夫的？找出一系列表示动作的词，思考这些词刻画了鲁迅怎样的品格？

4. 根据课文内容，说一说鲁迅先生是一个怎样的人。

读一读

七、有感情地朗读全文，体会作者对伯父的深厚感情。

练一练

八、生活中有很多特点鲜明的人给我们留下了深刻的印象，比如热心的奶奶，调皮的弟弟，可亲的同学……试一试，用一件事把你心中那个特点最鲜明的人写下来，写完后，和同学交换读一读，互相说说读完的感受如何。

拓展阅读

少年闰土

鲁 迅

深蓝的天空中挂着一轮金黄的圆月，下面是海边的沙地，都种着一望无际的碧绿的西瓜。其间有一个十一二岁的少年，项带银圈，手捏一柄钢叉，向一匹猹尽力地刺去。那猹却将身一扭，反从他的胯下逃走了。

这少年便是闰土。我认识他时，也不过十多岁，离现在将有三十年了。我早听到闰土这名字，而且知道他和我仿佛年纪，闰月生的，五行缺土，所以他的父亲叫他闰土。他是能装弶捉小鸟雀的。

我于是日日盼望新年，新年到，闰土也就到了。好容易到了年末，有一日，母亲告诉我，闰土来了，我便飞跑地去看。他正在厨房里，紫色的圆脸，头戴一顶小毡(zhān)帽，颈上套一个明晃晃的银项圈，这可见他的父亲十分爱他，怕他死去，所以在神佛面前许下愿心，用圈子将他套住了。他见人很怕羞，只是不怕我，没有旁人的时候，便和我说话，于是不到半日，我们便熟识了。

我们那时候不知道谈些什么，只记得闰土很高兴，说是上城之后，见了许多没有见过的东西。

第二日，我便要他捕鸟。他说："这不能。须大雪下了才好，我们沙地上，下了雪，我扫出一块空地来，用短棒支起一个大竹匾(biǎn)，撒下秕(bǐ)谷，看鸟雀来吃时，我远远地将缚(fù)在棒上的绳子只一拉，那鸟雀就罩在竹匾下了。什么都有：稻鸡，角鸡，鹁鸪(bó gū)，蓝背……"

我于是又很盼望下雪。

闰土又对我说："现在太冷，你夏天到我们这里来。我们日里到海边捡贝壳去，红的绿的都有，鬼见怕也有，观音手也有。晚上我和爹管西瓜去，你也去。"

"管贼吗？"

"不是。走路的人口渴了摘一个瓜吃，我们这里是不算偷的。要管的是獾(huān)猪，刺猬，猹(wei)。月亮地下，你听，啦啦的响了，猹在咬瓜了。你便捏了胡叉，轻轻地走去……"

我那时并不知道这所谓猹的是怎么一件东西——便是现在也不知道——只是无端地觉得状如小狗而很凶猛。

"他不咬人吗？"

"有胡叉呢。走到了，看见猹了，你便刺。这畜生很伶俐，倒向你奔来，反从胯下窜了。它的皮毛是油一般的滑……"

我素不知道天下有这许多新鲜事：海边有如许五色的贝壳；西瓜有这样危险的经历，我先前单知道它在水果店里出卖罢了。

"我们沙地里，潮汛要来的时候，就有许多跳鱼儿只是跳，都有青蛙似的两个脚……"

阿！闰土的心里有无穷无尽的稀奇的事，都是我往常的朋友所不知道的。闰土在海边时，他们都和我一样，只看见院子里高墙上的四角的天空。

可惜正月过去了，闰土须回家里去。我急得大哭，他也躲到厨房里，哭着不肯出门，但终于被他父亲带走了。他后来还托他的父亲带给我一包贝壳和几支很好看的鸟毛，我也曾送他一两次东西，但从此没有再见面。

（本文选自《故乡》，有改动。）

思考问题

文章写了月下看瓜刺猹的闰土、初次相识时的闰土、给"我"讲新鲜事的闰土。结合相关内容，说说闰土是个怎样的少年。

8 那个星期天①

史铁生②

预习

★本文主要写了一件什么事？

★阅读课文，画出文中描写一天光影变化的句子。

　　我还记得我的第一次盼望③。那是一个星期天，从早晨到下午，一直到天色昏暗下去。

　　那个星期天母亲答应带我出去，去哪儿已经记不清了，可能是动物园，也可能是别的什么地方。总之她很久之前就答应了，就在那个星期天带我出去玩，这不会错。一个人平生第一次盼一个日子，都不会错。而且就在那天早晨，母亲也还是这样答应的：去，当然去。我想到底是让我盼来了。

　　起床，刷牙，吃饭，那是个春天的早晨，阳光明媚④。走吗？等一会儿，等一会儿再走。我跑出去，站在街门口，等一会儿就等一会儿。我藏在大门后，藏了很久。我知道不会是那么简单的等一会儿，我得不出声地躲藏一会儿。母亲出来了，可我忘了吓唬⑤她，她手里怎么提着菜篮？您说了去！等等，买完菜，买完菜就去。买完

---

① 本文选自史铁生长篇小说《务虚笔记》，选作课文时有改动。

② 史铁生（1951—2010）：出生于北京，作家。20岁左右得了一场重病，双腿瘫痪。著有长篇小说《务虚笔记》《我的丁一之旅》，散文集《我与地坛》等。

③ 盼（pàn）望：急切地期望。

④ 明媚（míng mèi）：（景物）鲜明可爱。

⑤ 吓唬（xià hu）：使害怕，恐吓。

菜马上就去吗？嗯。

这段时光不好挨^①。我踏着一块块方砖跳，跳房子，等母亲回来。我看着天看着云彩走，等母亲回来，焦急又兴奋。我蹲在院子的地上，用树枝拨弄着一个蚁穴，爬着去找更多的蚁穴。院子里就我一个孩子，没人跟我玩。我坐在草丛里翻看一本画报，那是一本看了多少回的电影画报。那上面有一群比我大的女孩子，一个个都非常漂亮。我坐在草丛里看她们，想象她们的家，想象她们此刻在干什么，想象她们的兄弟姐妹和她们的父母，想象她们的声音。去年的荒草丛里又有了绿色，院子很大，空空落落^②。

母亲买菜回来却又翻箱倒柜忙开了。走吧，您不是说买菜回来就走吗？好啦好啦，没看我正忙呢吗？真奇怪，该是我有理的事啊？不是吗，我不是一直在等着，母亲不是答应过了吗？整个上午我就跟在母亲腿底下：去吗？去吧，走吧，怎么还不走啊？走吧……我就这样念念叨叨^③地追在母亲的腿底下，看她做完一件事又去做一件事。我还没有她的腿高，那两条不停顿的腿至今都在我眼前晃动，它们不停下来，它们好几次绊在我身上，我好几次差点儿绞在它们中间把它们碰倒。

下午吧，母亲说，下午，睡醒午觉再去。去，母亲说，下午，准去。但这次怨我，怨我自己，我把午觉睡过了头。醒来时我看见母亲在洗衣服。要是那时就走还不晚。我看看天，还不晚。还去吗？去。走吧？洗完衣服。这一次不能原谅。我不知道那堆衣服要洗多

---

① 挨：困难地度过（岁月）。

② 空空落落（kōng kōng luò luò）：空旷而冷清。文中形容心里没有着落，若有所失。

③ 念念叨叨：因惦记或想念而在谈话中提到。

久，可母亲应该知道。我蹲在她身边，看着她洗。我一声不吭①，盼着。我想我再不离开半步，再不把觉睡过头。我想衣服一洗完我马上拉起她就走，决不许她再耽搁②。我看着盆里的衣服和盆外的衣服，我看着太阳，看着光线，我一声不吭。看着盆里揉动的衣服和绽开③的泡沫，我感觉到周围的光线渐渐暗下去，渐渐地凉下去沉郁④下去，越来越远越来越缥缈⑤，我一声不吭，忽然有点儿明白了。

我现在还能感觉到那光线漫长而急遽⑥的变化，孤独而惆怅⑦的黄昏的到来，并且听得见母亲咔嚓⑧咔嚓搓衣服的声音，那声音永无休止就像时光的脚步。那个星期天。就在那天。母亲发现男孩儿蹲在那儿一动不动，发现他在哭，在不出声地流泪。我感到母亲惊惶⑨地甩了甩手上的水，把我拉过去拉进她的怀里。我听见母亲在说，一边亲吻着我一边不停地说："噢，对不起，噢，对不起……"那个

---

① 一声不吭（kēng）：指沉默不语，一句话也不说。

② 耽搁（dān ge）：停留；拖延。

③ 绽（zhàn）开：植物的皮、壳等裂开，花儿开放，在这里比喻泡沫向四周漫开。

④ 沉郁（yù）：低沉郁闷。

⑤ 缥缈（piāo miǎo）：形容隐隐约约，若有若无。

⑥ 急遽（jí jù）：急速。

⑦ 惆怅（chóu chàng）：伤感；失意。

⑧ 咔嚓（kā chā）：拟声词，形容物体断裂的声音。

⑨ 惊惶（jīng huáng）：惊慌。

星期天，本该是出去的，去哪儿记不得了。男孩儿蹲在那个又大又重的洗衣盆旁，依偎①在母亲怀里，闭上眼睛不再看太阳，光线正无可挽回地消逝②，一派荒凉③。

课后习题

写一写

一、给下列生字注音。

盼（ ） 昏（ ） 媚（ ） 唬（ ） 砖（ ）

蹲（ ） 拨（ ） 叨（ ） 绊（ ） 绞（ ）

谅（ ） 耽（ ） 搁（ ） 揉（ ） 绽（ ）

郁（ ） 惆（ ） 怅（ ） 搓（ ） 荒（ ）

二、多音字组词。

应 ｛ yīng（ ） yìng（ ） ｝　藏 ｛ cáng（ ） zàng（ ） ｝　吓 ｛ xià（ ） hè（ ） ｝

兴 ｛ xīng（ ） xìng（ ） ｝　空 ｛ kòng（ ） kōng（ ） ｝　落 ｛ luò（ ） là（ ） ｝

三、填空。

1. 记叙文是以＿＿＿、＿＿＿、写景、状物为主，以写＿＿＿＿＿和事物发展变化为主要内容的一种文体形式。

2. 记叙文有六个要素：＿＿＿、＿＿＿、＿＿＿、事件的＿＿＿、经过、＿＿＿。

3. 记叙文的叙述顺序有＿＿＿、＿＿＿、＿＿＿。

---

① 依偎（yī wēi）：亲热地靠着；紧挨着。
② 消逝（xiāo shì）：消失。
③ 荒凉（huāng liáng）：人烟少，冷清。

四、根据课文内容完成下列表格。

时间	事情经过		"我"的感情变化
	母亲	"我"	
早晨			
上午			
下午			
黄昏			

💡 **想一想**

五、思考并回答问题。

1. 第 1 段"昏暗下去"在文中有几层意思？

2. 第 5 段作者重点描写了母亲的双腿，这样写有什么效果？

3. 第 6 段中"我一声不吭，忽然有点儿明白了"，"我"明白了什么？

六、课文赏析。

读下面的句子，想想作者是怎样在具体细致的叙述中，真实自然地表达内心感受的。在课文中再找一找类似的语句，仔细体会。

1. 我蹲在她身边，看着她洗。我一声不吭，盼着。我想我再不离开半步，再不把觉睡过头。我想衣服一洗完我马上拉起她就走，决不许她再耽搁。（"我"盼着什么？这里是怎么写出"盼"的心情的？）

2. 我现在还能感觉到那光线漫长而急遽的变化，孤独而惆怅的黄昏的到来，并且听得见母亲咔嚓咔嚓搓衣服的声音，那声音永无休止就像时光的脚步。那个星期天。就在那天。（这个片段表现了"我"怎样的心情？为什么不直接写心情，而是写"那个星期天"的光线和声音？）

读一读

七、有感情地朗读全文，体会作者情感的变化。

练一练

八、在生活中，因为心情不同，对身边事物的感受也会有所不同。如：

一直想养一只小狗，妈妈今天终于答应了。

打篮球的时候，我有几个好机会没把握住，结果我们输给了二班。

路旁的一朵朵花儿好像在对我微笑，树上的鸟儿也在欢唱，树叶沙沙作响，好像也在为我高兴。

路旁的花儿耷拉着脑袋，一副无精打采的样子。树上的小鸟叽叽地叫着，也像是在讥笑我。

从下面的情境中任选其一，就心情"好"与"不好"这两种状态，分别写几句话。

走在繁华的大街上　　　　奔跑在草地上　　　　唱歌

拓展阅读

别了，语文课

钟声响了，第一堂课是语文。以前我上语文课时总是懒洋洋提不起劲，奇怪，今天我翻开语文书，别有一番滋味，我的脑子也不再胡思乱想，全神贯注地听张先生授课。我为什么会忽然喜欢上语文课，觉得张先生每一句话都那么动听？这一堂课好像过得特别快，一下子就听到了下课钟声。

放学回家，我一口气读完张先生送给我的书。这本书先浅显地介绍中文的发展，然后分述了中文的特点，最后讲述学好中文的方法。我一下子对中文了解了很多很多。我有点儿怪张先生，为什么不早点儿送这本书给我，让我早点儿知道中文的丰富和优美。

我放下书，走到爸爸跟前，问他："爸爸，我们将来移民到中美洲，我还有机会学习中文吗？"

爸爸说："我正为这件事操心。那边华侨很少，没有为华侨办的学校。到了那边，你就要学习西班牙文，我担心你会渐渐忘了中文。"

我听后吓了一惊。我拿起一张报纸，单是大字标题就有不少字不认识，不要说报纸的内文了。我现在念五年级，可是因为我过去不喜欢语文课，实在学得不好，实际上大约只有三四年级的程度。我张皇地拿出语文书，急急温习今天教过的课文，觉得课文内容饶有趣味。我又拿出纸，用笔反复写新学的生字。我一想起自己顶多还有一个月学习中文的时间，心里就难过，真希望把整本语文书一下子全学会。

我一连两次默书都得到八十分，张先生每次都鼓励我；最近一次默书，我居然一个字也没有错，得到一百分！语文课上，张先生拿出我的默书簿，翻开第一页给大家看，然后又翻到最后一页，高高举起让同学们看。张先生说："陈小允是我们学习的好榜样。你们看，他学期开始默书总不合格，现在却得了一百分！"

有谁知道我心里的痛！唉，语文课，在我深深喜欢上你的时候，我就要离开你了，我将要学习另一种完全不同的语言了，想到这里，我噙着泪。坐在我旁边的叶志聪看见，大惊说："张先生，陈小允哭啦！"

> 用几个具体事例写出了"我"对语文课的情感变化，读起来非常真实自然。

> 这段独白更加直接而强烈地表达了心情。

同学们都奇怪地注视着我。张先生走到我身旁，亲切地抚着我的头，说："小允，是为你的进步而哭吗？"

我擦拭着泪水，站起来，呜咽着说："张先生，我下星期要离开这里了，我们全家移民到中美洲，我……我再没有机会学习中文了。"

泪水模糊了眼睛，我看不见同学和张先生的反应，只知道全班忽然异样地沉寂，张先生轻抚着我的头，叫我坐下。

离开这里的日子越来越近了。同学们纷纷在我的纪念册上留言，叮嘱我不要忘记中国，不要忘记中文。

这天，是我最后一次上语文课了，张先生带来一扎用鸡皮纸封好的包裹，她对全体同学说："陈小允是最后一天和大家相叙了。我们祝福他在国外健康快乐地成长。我没有什么送给他，只送他一套小学六年级到中学五年级的语文课本，希望他远离祖国后还可以好好自修，不要忘记母语。"

我接过这套书，心里非常难过。下课后，同学们

写告别语文课，可能有很多事情可写，这里选择了老师留言和同学送书两件事，把气氛与心情突显出来。

都围上来,有人送我一本字典,有人送我一本故事书。他们的热情,使我热泪盈眶。

别了,我亲爱的老师,我亲爱的同学。我一定不会忘记中文,我会把我的默书簿一生一世留在身边,常常翻阅。我会激励自己把中文自修好,像这本默书簿的成绩那样。

思考问题

课文记叙了几件事情?找出来,具体说一说。文中"我"对语文课又有着怎样的情感变化?

散　文

本单元学习散文。

散文是与诗歌、小说、戏剧并称的一种文学体裁，是用凝练生动、优美的文学语言，写成的叙事、记人、状物、写景、喻理的短小精悍的文章。散文按照内容和表述方法的不同可以分为四类：叙事散文、抒情散文、写景散文、议论散文。散文的特点：形散而神不散；意境深邃，语言凝练；表现手法灵活多样。

在本单元，通过阅读山水游记散文《桂林山水》和回忆型散文《从百草园到三味书屋》，体会散文优美的语言，感受中国桂林山水的秀丽风景，了解鲁迅童年的妙趣生活。学习中要在整体感知内容大意的基础上，欣赏、揣摩精彩句段，学习写景叙事的方法。

9　桂林山水

陈　淼

人们都说："桂林山水甲①天下。"我们乘着木船，荡漾②在漓江上，来观赏桂林的山水。

我看见过波澜壮阔③的大海，玩赏④过水平如镜⑤的西湖，却从没看见过漓江这样的水。漓江的水真静啊，静得让你感觉不到它在流动；漓江的水真清啊，清得可以看见江底的沙石；漓江的水真绿啊，

---

① 甲：居于首位的，超过所有其他的。

② 荡漾（dàng yàng）：（水波）一起一伏地动。

③ 波澜壮阔（bō lán zhuàng kuò）：比喻声势雄壮，规模宏大，景象非常壮观。

④ 玩赏：玩味欣赏。

⑤ 水平如镜：比喻水面没有风，如镜子一样平静。

绿得仿佛那是一块无瑕①的翡翠。船桨激起的微波扩散出一道道水纹，才让你感觉到船在前进，岸在后移。

　　我攀登②过峰峦雄伟③的泰山，游览过红叶似火的香山，却从没看见过桂林这一带的山。桂林的山真奇啊，一座座拔地而起④，各不相连，像老人，像巨象，像骆驼，奇峰罗列⑤，形态万千；桂林的山真秀啊，像翠绿的屏障⑥，像新生的竹笋，色彩明丽，倒映水中；桂林的山真险啊，危峰兀立⑦，怪石嶙峋⑧，好像一不小心就会栽倒下来。

　　这样的山围绕着这样的水，这样的水倒映着这样的山，再加上空中云雾迷蒙⑨，山间绿树红花，江上竹筏⑩小舟，让你感到像是走

---

① 无瑕（xiá）：没有瑕疵，比喻没有缺点或污点。

② 攀（pān）登：抓住或握住某物向上爬。

③ 峰峦（luán）雄伟：指山峰或山峦雄壮而宏伟。

④ 拔地而起：山、树、建筑物等高耸在地面上。

⑤ 奇峰罗列：指各种各样的奇特山峰散开地排列着。

⑥ 屏障（píng zhàng）：像屏风那样遮挡着的东西。

⑦ 危峰兀（wù）立：山峰笔直地挺立，感觉很危险的样子，形容山势险峻。

⑧ 怪石嶙峋：形容山石形状奇特、重叠高耸。

⑨ 迷蒙（méng）：形容烟雾弥漫，景物模糊。

⑩ 竹筏（fá）：竹筏，又称竹排，一种水上交通工具。

进了连绵不断①的画卷，真是"舟行碧波上，人在画中游"。

课后习题

✏️ 写一写

一、给下列生字注音。

漾（　　）　　漓（　　）　　澜（　　）　　瑕（　　）

翡（　　）　　纹（　　）　　峦（　　）　　兀（　　）

筏（　　）　　绵（　　）　　屏障（　　）（　　）

骆驼（　　）（　　）

二、多音字组词。

似　{ sì（　　　　）　　shì（　　　　） }

卷　{ juàn（　　　　）　　juǎn（　　　　） }

佛　{ fú（　　　　）　　fó（　　　　） }

三、根据课文内容填上适当的词语。

（　　　　）的大海　　　（　　　　）的翡翠　　　（　　　　）的泰山

（　　　　）的西湖　　　（　　　　）的竹笋　　　（　　　　）的画卷

---

① 连绵不断：形容连续不止，从不中断。

四、填空。

1. _____是与诗歌、小说、戏剧并称的一种文学体裁，是用凝练生动、优美的文学语言，写成的_____、_____、_____、_____、_____的文章。

2. 课文将_____、_____与漓江的水进行比较，是为了突出漓江水_____、_____、_____的特点；将_____、_____与桂林的山进行比较，是为了突出桂林的山_____、_____、_____。

3. 作者写桂林山水是按照_____的顺序来写的。先总写_____；接着分别写_____的特点；最后写_____。

💡 **想一想**

五、思考并回答问题。

1. "桂林山水甲天下"是什么意思？这句话在文中起什么作用？

2. "我看见过波澜壮阔的大海，玩赏过水平如镜的西湖，却从没看见过漓江这样的水。"课文写漓江的水，为什么要先写大海和西湖？

3. "漓江的水真静啊，……；真清啊，……；真绿啊，……"运用了什么修辞手法？这样写有什么好处？

4. "我攀登过峰峦雄伟的泰山，游览过红叶似火的香山，却从没看见过桂林这一带的山。"课文写漓江的山，为什么要先写泰山和香山？

5. "舟行碧波上，人在画中游"是什么意思？这两句诗在文中起什么作用？

读一读

六、朗读全文。注意全篇的基调是深情赞美，体现感情的语句朗读时情绪要饱满，体现桂林山水特点的文字要读得慢，读得重，做到节奏舒缓。

练一练

七、仿写句子：桂林的山真秀啊，像翠绿的屏障，像新生的竹笋，色彩明丽，倒映水中。

合作实践

八、小组合作制作《桂林山水》全文思维导图，并根据思维导图背诵全文。

拓展阅读

　　天上风筝渐渐多了，地上孩子也多了。城里乡下，家家户户，老老小小，他们也赶趟儿似的，一个个都出来了。舒活舒活筋骨，抖擞抖擞精神，各做各的一份事去。"一年之计在于春"，刚起头儿，有的是工夫，有的是希望。

　　春天像刚落地的娃娃，从头到脚都是新的，他生长着。

　　春天像小姑娘，花枝招展的，笑着，走着。

　　春天像健壮的青年，有铁一般的胳膊和腰脚，他领着我们上前去。

　　（本段节选自《春》，作者朱自清（1898—1948），字佩弦。散文家、诗人、学者。著有诗文集《踪迹》，散文集《背影》《欧游杂记》《你我》等。）

思考问题

1．作者为什么要把春天比作"刚落地的娃娃""小姑娘"和"健壮的青年"？

2．你怎么理解"一年之计在于春"这句话？

10 从百草园到三味书屋

鲁 迅①

预习

★你的童年有哪些难以忘怀的人、事、物？

★阅读课文，找出鲁迅先生的童年有哪些难忘的事？

我家的后面有一个很大的园，相传叫作百草园。现在是早已并屋子一起卖给朱文公的子孙了，连那最末次的相见也已经隔了七八年，其中似乎确凿②只有一些野草；但那时却是我的乐园。

不必说碧绿的菜畦③，光滑的石井栏，高大的皂荚树，紫红的桑椹；也不必说鸣蝉在树叶里长吟④，肥胖的黄蜂伏在菜花上，轻捷⑤的叫天子（云雀）忽然从草间直窜⑥向云霄里去了。单是周围的短短的

---

① 鲁迅（1881—1936），中国著名文学家、思想家、革命家。代表作有小说集《呐喊》《彷徨》《故事新编》，散文集《朝花夕拾》，散文诗集《野草》和杂文集《坟》《热风》《且介亭杂文》等。

② 确凿（què záo）：确实。

③ 菜畦（qí）：菜田。

④ 长吟（yín）：指虫鸟长声的鸣叫。

⑤ 轻捷（jié）：动作轻快敏捷。

⑥ 窜（cuàn）：跳，往上冲。

泥墙根一带，就有无限趣味。油蛉在这里低唱，蟋蟀们在这里弹琴。翻开断砖来，有时会遇见蜈蚣；还有斑蝥，倘若用手指按住它的脊梁，便会拍的一声，从后窍①喷出一阵烟雾。何首乌藤和木莲藤缠络②着，木莲有莲房③一般的果实，何首乌有拥肿④的根。有人说，何首乌根是有像人形的，吃了便可以成仙，我于是常常拔它起来，牵连不断地拔起来，也曾因此弄坏了泥墙，却从来没有见过有一块根像人样。如果不怕刺，还可以摘到覆盆子，像小珊瑚珠攒⑤成的小球，又酸又甜，色味都比桑椹要好得远。

长的草里是不去的，因为相传这园里有一条很大的赤练蛇。

长妈妈曾经讲给我一个故事听：先前，有一个读书人住在古庙里用功，晚间，在院子里纳凉⑥的时候，突然听到有人在叫他。答应着，四面看时，却见一个美女的脸露在墙头上，向他一笑，隐去了。他很高兴；但竟给那走来夜谈的老和尚识破了机关⑦。说他脸上有些妖气，一定遇见"美女蛇"了；这是人首蛇身的怪物，能唤人名，倘一答应，夜间便要来吃这人的肉的。他自然吓得要死，而那老和尚却道无妨⑧，给他一个小盒子，说只要放在枕边，便可

----

① 后窍：这里指斑蝥的肛门。

② 缠络（chán luò）：缠绕在一起。

③ 莲房：莲蓬。

④ 拥肿（yōng zhǒng）：这里形容何首乌块根的粗大。现在写作臃肿（yōng zhǒng）。

⑤ 攒（cuán）：凑在一块儿。

⑥ 纳（nà）凉：乘凉。

⑦ 机关：这里是秘密的意思。

⑧ 无妨：没有关系。

高枕而卧①。他虽然照样办，却总是睡不着，——当然睡不着的。到半夜，果然来了，沙沙沙！门外像是风雨声。他正抖作一团时，却听得豁②的一声，一道金光从枕边飞出，外面便什么声音也没有了，那金光也就飞回来，敛③在盒子里。后来呢？后来，老和尚说，这是飞蜈蚣，它能吸蛇的脑髓，美女蛇就被它治死了。

结末的教训④是：所以倘有陌生的声音叫你的名字，你万不可答应他。

这故事很使我觉得做人之险，夏夜乘凉，往往有些担心，不敢去看墙上，而且极想得到一盒老和尚那样的飞蜈蚣。走到百草园的草丛旁边时，也常常这样想。但直到现在，总还是没有得到，但也没有遇见过赤练蛇和美女蛇。叫我名字的陌生声音自然是常有的，然而都不是美女蛇。

冬天的百草园比较的无味；雪一下，可就两样了。拍雪人（将自己的全形印在雪上）和塑⑤雪罗汉需要人们鉴赏，这是荒园，人迹罕至⑥，所以不相宜，只好来捕鸟。薄薄的雪，是不行的；总须积雪盖了地面一两天，鸟雀们久已无处觅食⑦的时候才好。扫开一块雪，露出地面，用一枝

---

① 高枕（zhěn）而卧：垫高枕头安心地睡觉。形容无忧无虑，平安无事。

② 豁（huō）：在本文是拟声词。

③ 敛（liǎn）：收拢。

④ 教训：从错误或失败中取得的知识。

⑤ 塑（sù）：用泥土等做成人物的形象。

⑥ 人迹（jì）罕（hǎn）至：少有人来。迹，足迹、脚印。罕，稀少。

⑦ 觅（mì）食：寻找食物。觅，寻找。

短棒支起一面大的竹筛来，下面撒些秕谷，棒上系一条长绳，人远远地牵着，看鸟雀下来啄食，走到竹筛底下的时候，将绳子一拉，便罩住了。但所得的是麻雀居多，也有白颊①的"张飞鸟"，性子很躁，养不过夜的。

这是闰土的父亲所传授的方法，我却不大能用。明明见它们进去了，拉了绳，跑去一看，却什么都没有，费②了半天力，捉住的不过三四只。闰土的父亲是小半天便能捕获几十只，装在叉袋里叫着撞着的。我曾经问他得失的缘由③，他只静静地笑道："你太性急，来不及等它走到中间去。"

我不知道为什么家里的人要将我送进书塾④里去了，而且还是全城中称为最严厉的书塾。也许是因为拔何首乌毁了泥墙罢⑤，也许是因为将砖头抛到间壁的梁家去了罢，也许是因为站在石井栏上跳了下来罢，……都无从⑥知道。总而言之：我将不能常到百草园了。Ade⑦，我的蟋蟀们！Ade，我的覆盆子们和木莲们！……

出门向东，不上半里，走过一道石桥，便是我的先生的家了。从一扇黑油的竹门进去，第三间是书房。中间挂着一块扁道：三味书屋；扁下面是一幅画，画着一只很肥大的梅花鹿伏在古树下。没

---

① 颊（jiá）：脸的两侧。
② 费（fèi）：花费，用。
③ 缘（yuán）由：原因。
④ 书塾（shú）：就是私塾，旧时家庭、宗族或教师自己设立的教学场所。
⑤ 罢：现在写作"吧"。
⑥ 无从：没有办法。
⑦ Ade：德语，意思是"再见"。

有孔子牌位，我们便对着那扁和鹿行礼①。第一次算是拜孔子，第二次算是拜先生。

第二次行礼时，先生便和蔼②地在一旁答礼。他是一个高而瘦的老人，须发都花白了，还戴着大眼镜。我对他很恭敬，因为我早听到，他是本城中极方正③，质朴④，博学的人。

不知从那里⑤听来的，东方朔⑥也很渊博，他认识一种虫，名曰"怪哉"，冤气所化，用酒一浇，就消释⑦了。我很想详细地知道这故事，但阿长是不知道的，因为她毕竟不渊博。现在得到机会了，可以问先生。

"先生，'怪哉'这虫，是怎么一回事？……"我上了生书，将要退下来的时候⑧，赶忙问。

"不知道！"他似乎很不高兴，脸上还有怒色了。

我才知道做学生是不应该问这些事的，只要读书，因为他是渊博的宿儒⑨，决不至于

---

① 行礼：按一定的仪式或姿势致敬。

② 和蔼（ǎi）：态度温和，容易接近。

③ 方正：指人正直。

④ 质朴：朴实。

⑤ 那里：现在写作"哪里"。

⑥ 东方朔（shuò）：字曼倩，西汉辞赋家、文学家。

⑦ 消释：溶解。

⑧ 上了生书，将要退下来的时候：（听先生）讲完新课，（我）将要回到座位上的时候。书塾里，老师教新课叫"上生书"。上生书的时候学生走到老师旁边，站在那里听老师讲，听讲完毕，回到自己座位上去，所以说"退下来"。

⑨ 宿儒（sù rú）：年长、博学的读书人。宿，长久从事某事的。

不知道，所谓不知道者，乃是不愿意说。年纪比我大的人，往往如此，我遇见过好几回了。

我就只读书，正午习字，晚上对课①。先生最初这几天对我很严厉，后来却好起来了，不过给我读的书渐渐加多，对课也渐渐地加上字去，从三言到五言，终于到七言。

三味书屋后面也有一个园，虽然小，但在那里也可以爬上花坛去折蜡梅花，在地上或桂花树上寻蝉蜕②。最好的工作是捉了苍蝇喂蚂蚁，静悄悄地没有声音。然而同窗③们到园里的太多，太久，可就不行了，先生在书房里便大叫起来：

"人都到那里去了？！"

人们便一个一个陆续走回去；一同回去，也不行的。他有一条戒尺，但是不常用，也有罚跪的规则，但也不常用，普通总不过瞪几眼，大声道：

"读书！"

于是大家放开喉咙读一阵书，真是人声鼎沸④。有念"仁远乎哉我欲仁斯仁至矣"的，有念"笑人齿缺曰狗窦大开"的，有念"上九潜龙勿用"的，有念"厥土下上上错厥贡苞茅橘柚"的……。先生自己也念书。后来，我们的声音便低下去，静下去了，只有他还大声朗读着：

"铁如意，指挥倜傥，一座皆惊呢～～；金叵罗，颠倒淋漓噫，千杯未醉嗬～～……。"

---

① 对课：即"对对子"，旧时学习词句和准备作诗的一种练习。一般先生出上联，学生对下联。

② 蝉蜕（tuì）：蝉的幼虫变为成虫时脱下的壳。

③ 同窗：旧时对同学的称呼，意思是同在一个窗下念书的人。

④ 人声鼎沸（dǐng fèi）：形容人声喧闹，像水在鼎中沸腾一样。鼎，古代煮东西用的器物。沸，水开。

我疑心这是极好的文章,因为读到这里,他总是微笑起来,而且将头仰起,摇着,向后面拗①过去,拗过去。

先生读书入神的时候,于我们是很相宜的。有几个便用纸糊的盔甲②套在指甲上做戏。我是画画儿,用一种叫作"荆川纸"的,蒙在小说的绣像③上一个个描下来,像习字时候的影写④一样。读的书多起来,画的画也多起来;书没有读成,画的成绩却不少了,最成片段的是《荡寇志》⑤和《西游记》⑥的绣像,都有一大本。后来,因为要钱用,卖给一个有钱的同窗了。他的父亲是开锡箔⑦店的;听说现在自己已经做了店主,而且快要升到绅士⑧的地位了。这东西早已没有了罢。

九月十八日

课后习题

✎ 写一写

一、给下列生字注音。

盔(　　) 畦(　　) 吟(　　) 捷(　　) 窜(　　)

---

① 拗（ǎo）：弯曲,弯转。

② 盔（kuī）甲：古代军人打仗时穿戴的护身战衣。头上戴的叫作"盔",身上穿的叫作"甲"。

③ 绣像：明清以来的通俗小说,前面往往附有书中人物的画像,用线条勾勒,描绘精细,像丝绣而成,故称为"绣像"。

④ 影写：把纸蒙在字帖上照着描。

⑤ 《荡寇志》：清代俞万春所著的一部长篇小说,讲述陈希真、陈丽卿等"荡平"梁山,将水泊人物一一诛灭的故事。

⑥ 《西游记》：中国古典四大名著之一,是中国古代一部浪漫主义长篇神魔小说,作者明代吴承恩。主要描写了唐僧、孙悟空、猪悟能、沙悟净师徒四人去西天取经,历经九九八十一难最后终于取得真经的故事。

⑦ 锡箔（xī bó）：上面涂着一层薄锡的纸,旧时多用于祭奠死去的人。

⑧ 绅（shēn）士：旧时地方上有地位、有势力、有功名的人,一般是地主或退职官僚。

霄（　　）　攒（　　）　脊（　　）　梁（　　）　敛（　　）

塑（　　）　鉴（　　）　罕（　　）　觅（　　）　躁（　　）

二、多音字组词。

宿 ｛ sù（　　　）
xiǔ（　　　）

系 ｛ xì（　　　）
jì（　　　）

攒 ｛ cuán（　　　）
zǎn（　　　）

三、填空。

1．鲁迅，中国著名_____、思想家、革命家。代表作有小说集_____《彷徨》《故事新编》等；散文集_____；散文诗集《野草》和杂文集《坟》《热风》_____等。

2．请根据课文内容填上恰当的词语。

（1）

不必说（　　）的菜畦，（　　）的石井栏，（　　）的皂荚树，（　　）的桑椹；也不必说鸣蝉在树叶里长吟，（　　）的黄蜂伏在菜花上，（　　）的叫天子（云雀）忽然从草间直窜向云霄里去了。

（2）

（　　）一块雪，（　　）地面，用一枝短棒（　　）一面大的竹筛来，下面（　　）些秕谷，棒上（　　）一条长绳，人远远地（　　）着，（　　）鸟雀下来啄食，走到竹筛底下的时候，将绳子一（　　），便（　　）住了。

💡 想一想

四、思考并回答问题。

1．第2段中描写百草园的自然景物丰富多彩，作者调动了哪些感官来进行观察？这段描写采用了什么顺序？

2．作者写了百草园的哪些趣事和传说？

3．作者用"不必说……也不必说……单是……"这样的句式来描写百草园中的景物，这样写的好处是什么？

4．第 2 段的景物描写采用了哪些修辞手法？起到了什么作用？请举例说明。

5．找出描写书塾先生外貌的语句。请举例说明鲁迅笔下的书塾先生是个怎样的人。

6．作者写了三味书屋哪些事情？作者对三味书屋的感受是什么？

📖 读一读

五、有感情地朗读课文，并背诵课文第 2 段。

🏛 练一练

六、仿照"雪地捕鸟"段落内容写一段文字，介绍玩一种游戏的动作过程。

👥 合作实践

七、以"我的童年"为主题，小组合作完成 PPT，介绍每个成员的童年趣事，要求图文结合。

📚 拓展阅读

落花生

许地山

我们家的后园有半亩空地。母亲说："让它荒着怪可惜的，你们那么爱吃花生，就开辟出来种花生吧。"我们姐弟几个都很高兴，买种，翻地，播种，浇水，没过几个月，居然收获了。

母亲说："今晚我们过一个收获节，请你们的父亲也来尝尝我们的新花生，好不好？"母亲把花生做成了好几样食品，还咐附就在后园的茅亭里过这个节。

那晚的天色不大好。可父亲也来了，实在很难得。

父亲说："你们爱吃花生吗？"

我们争着答应："爱！"

"谁能把花生的好处说出来？"

姐姐说："花生的味道很美。"

哥哥说："花生可以榨油。"

我说："花生的价钱便宜，谁都可以买来吃，都喜欢吃。这就是它的好处。"

父亲说："花生的好处很多，有一样最可贵。它的果实埋在地里，不像桃子、石榴、苹果那样，把鲜红嫩绿的果实高高地挂在枝上，使人一见就生爱慕之心。你们看它矮矮地长在地上，等到成熟了，也不能立刻分辨出来它有没有果实，必须挖起来才知道。"

我们都说是，母亲也点点头。

父亲接下去说："所以你们要像花生，它虽然不好看，可是很有用。"

我说："那么，人要做有用的人，不要做只讲体面，而对别人没有好处的人。"

父亲说："对。这是我对你们的希望。"

我们谈到深夜才散。花生做的食品都吃完了，父亲的话却深深地印在我的心上。

（落花生：就是指花生。本段节选自《落花生》，作者许地山（1893—1941），著名的作家、学者。许地山小时候，父亲曾以"落花生"作比喻教育子女，给他留下了深刻印象。1921年他开始使用"落华生"作为自己的笔名，勉励自己要做一个具有落花生品格的人。）

思考问题

1．花生有什么好处？花生最可贵的是什么？

2．"父亲"希望"我们"做什么样的人？你想做什么样的人？

文 言 文

本单元学习文言文。

文言文是中国古代的一种书面语言，主要包括以先秦时期的口语为基础而形成的书面语。随着历史变迁，口语的演变，文言文和口语的差别逐渐扩大，文言文成了古代读书人的专用。

文言文与白话文相对，文言文的特征是注重典故、音律工整、行文简练。现代书籍中的文言文，为了便于阅读和理解，一般都会对其标注标点符号。学习文言文要注意一词多义、古今异义、词类活用、通假字、虚词的不同用法等特殊现象。

在本单元，通过诵读文章，掌握文言知识、理解文意，培养语言感悟能力。

11　《论语》①十则

★你听说过孔子吗？请说说孔子是个什么样的人。

★阅读课文，结合注释，思考孔子言行主张的含义。

子②曰③："学而时习④之，不亦⑤说⑥乎？有朋自远方来，不亦乐(lè)乎？人不知而不愠⑦，不亦君子⑧乎？"（《学而》）

曾子⑨曰："吾⑩日⑪三省⑫吾身：为人谋⑬而不忠乎？与朋友交而不信⑭乎？传⑮不习乎？"（《学而》）

子曰："温故而知新⑯，可以为师矣。"（《为政》）

子曰："学而不思则罔⑰，思而不学则殆⑱。"（《为政》）

子曰："由⑲，诲女⑳知之乎！知之为知之，不知为不知，是知也㉑。"（《为政》）

子曰："见贤思齐焉㉒，见不贤而内自省也。"（《里仁》）

子曰："三人行(xíng)，必有我师焉。择其善者㉓而从之㉔，其不善者

而改之。"(《述而》)

曾子曰："士㉕不可以不弘毅㉖，任重而道远。仁㉗以为己任，不亦重乎? 死而后已㉘，不亦远乎? "(《泰伯》)

子曰："岁寒，然后知松柏之后凋㉙也。"(《子罕》)

子贡㉚问曰："有一言而可以终身行之者乎? "

子曰："其恕㉛乎! 己所不欲，勿施㉜于人。"(《卫灵公》)

注释

① 《论（lún）语》：儒家经典著作，是记录孔子及其弟子言行的一部书。共二十篇。宋代把它与《大学》《中庸》《孟子》合称为"四书"。

② 子：先生，指孔子。孔子（前551—前479），名丘，字仲尼，春秋时鲁国陬邑（zōu yì）（现在山东曲阜 qū fù）人。中国古代伟大的思想家、政治家、教育家，儒家学派的创始人。

③ 曰（yuē）：说。

④ 时习：时常地复习。

⑤ 亦：也。

⑥ 说（yuè）：同"悦"，愉快。

⑦ 愠（yùn）：生气，发怒。

⑧ 君子：指道德上有修养的人。

⑨ 曾子：即曾参（前505—前436），字子舆（yú），孔子的学生。

⑩ 吾（wú）：人称代词，我。

⑪ 日：每天。

⑫ 三省（xǐng）：多次进行自我检查，反省。三，泛指多次。

⑬ 谋：谋划。

⑭ 信：真诚，诚实。

⑮ 传（chuán）：老师传授的知识。

⑯ 温故而知新：温习学过的知识，可得到新的理解和体会。

⑰ 罔（wǎng）：迷惑。意思是感到迷茫而无所适从。

⑱ 殆（dài）：疑惑。

⑲ 由：指仲由（前542—前480），字子路，孔子的学生。

⑳ 诲女（huì rǔ）：诲，教导。女，同"汝"，"你"的意思。

㉑ 是知（zhì）也：这是聪明的。是，此、这。知，通"智"，聪明。

㉒ 见贤思齐焉（yān）：见到贤人就向他学习，希望能和他看齐。贤，德才兼备的人。焉，文言助词，不翻译。

㉓ 善者：好的方面，优点。

㉔ 从之：跟从，学习。

㉕ 士：有抱负的人。

㉖ 弘毅（hóng yì）：刚强，勇敢。

㉗ 仁：仁爱待人。

㉘ 已：停止。

㉙ 凋（diāo）：凋谢。

㉚ 子贡：指端木赐（cì）（前520—前456），字子贡。孔子的学生。

㉛ 其恕（shù）乎：大概就是"恕"了。其，大概，也许。恕，指儒家的推己及人，仁爱待人。

㉜ 施：施加。

课后习题

写一写

一、给下列加点的生字注音。

论语（　　）　　亦（　　）　　说乎（　　）　　愠（　　）

吾（　　）　　三省（　　）　　谋（　　）　　罔（　　）

殆（　　）　　诲女（　　）（　　）　　弘毅（　　）（　　）

焉（　　）　　仁（　　）　　凋（　　）　　恕（　　）

二、解释加点词语并翻译句子。

1. 学而时习之，不亦说乎_____。

2. 吾日三省吾身_____。

3. 温故而知新_____。

4. 学而不思则罔，思而不学则殆 _____。

5. 见贤思齐焉_____。

6. 三人行，必有我师焉_____。

7. 士不可以不弘毅_____。

8. 己所不欲，勿施于人_____。

三、填空。

1. 孔子名_____，字_____，_____时期的鲁国人，是中国古代伟大的_____家，_____家，是_____家学派创始人。

2. 《论语》是_____家学派经典著作之一，是记录_____及其弟子_____的书。

3. 对远道而来的朋友，可以说_____，_____？

4. 《论语》中认为能保持君子风格的一句是_____？

5. 论述新旧知识关系的句子是_____。

6. 谈"学"与"思"辩证关系的句子是_____。

7. 孔子认为认识事物的正确态度是_____。

8. 论述要向有才德的人看齐的句子是_____。

9. 孔子认为可以终身奉行的一个字是"_____"，还说_____
_____。

💡 **想一想**

四、思考并回答问题。

1. 文中哪些言论可以总结为成语，请把它们写下来。

2."己所不欲，勿施于人"是由儒家提倡的待人接物的处世之道，对此，不同的人有不同的看法。联系自己的生活体验，讨论：怎样看待"己所不欲，勿施于人"？

📯 读一读

五、背诵全文。

🎴 练一练

六、抄写《论语十则》中你最喜欢的一则，并写一写自己的感受。

👤 合作实践

七、分组合作，思考《论语十则》中的言论可以运用到什么情境中。

📚 拓展阅读

《论语十二则》节选

子在川上曰："逝者如斯夫，不舍昼夜。"（《子罕》）

译文　孔子在河边说："时间像河水一样流去，日夜不停。"

子曰："三军可夺帅也，匹夫不可夺志也。"（《子罕》）

译文　孔子说："军队的主帅可以改变，平民百姓的志气却不可以改变。"

思考问题

1. 第一则运用了什么修辞手法？说说你对这句话的感受。

2. 从第二则中可以看出孔子对志向是什么态度？

12 为学①

彭端淑②

天下事有难易乎？为之，则难者亦易矣③；不为，则易者亦难矣。人之为学有难易乎？学之，则难者亦易矣；不学，则易者亦难矣。

吾资④之昏⑤，不逮⑥人也，吾材之庸⑦，不逮人也。旦旦而学之⑧，久而不怠⑨焉，迄乎成⑩，而亦不知其昏与庸也。吾资之聪，倍人也⑪；吾材之敏，倍人也；屏弃⑫而不用，其与昏与庸无以异也。圣人之道，卒于鲁也传之⑬。然则昏庸聪敏之用，岂有常⑭哉！

蜀⑮之鄙⑯有二僧，其一贫，其一富。贫者语⑰于富者曰："吾欲之⑱南海⑲，何如⑳？"富者曰："子何恃㉑而往？"曰："吾一瓶一钵㉒足矣。"富者曰："吾数年来欲买舟而下，犹㉓未能也。子何恃而往？"越明年㉔，贫者自南海还，以告富者，富者有惭色。

西蜀之去㉕南海，不知几千里也，僧富者不能至而贫者至焉。人之立志，顾㉖不如蜀鄙之僧哉㉗？是故聪与敏，可恃而不可恃也；自恃其聪与敏而不学者，自败者也㉘。昏与庸，可限㉙而不可限也；不自限其昏与庸而力学不倦者，自力者也㉚。

注释

① 选自《白鹤堂文集》，原题是"为学一首示子侄"。为学，做学问。是作者劝勉子侄努力学习而写。

② 彭端淑，字乐斋，号仪一，清代四川著名文学家。

③ 矣（yǐ）：语气词，"了"。

④ 资：天资，天分。

⑤ 昏：愚笨。

⑥ 逮（dài）：及，赶得上。

⑦ 庸（yōng）：平庸，平凡。

⑧ 旦旦而学之：每天不停地学习。

⑨ 怠（dài）：懈（xiè）怠，懒散。

⑩ 迄（qì）乎成：等到学成了。迄，等到。

⑪ 倍人也：超过别人。

⑫ 屏（bǐng）弃：同"摒（bìng）弃"，舍弃。

⑬ 圣人之道，卒于鲁也传之：孔子的学问，最终是靠不怎么聪明的曾参传下来的。卒，终于。鲁，反应迟钝，不聪明。

⑭ 常：常规，永远不变的。

⑮ 蜀（shǔ）：周朝诸侯国名，在今四川成都一带。

⑯ 鄙（bǐ）：边境。

⑰ 语（yù）：告诉，对……说。

⑱ 之：往，到。

⑲ 南海：这里指佛教圣地普陀山（属浙江舟山群岛）。

⑳ 何如：怎么样？

㉑ 何恃（shì）：凭什么？恃，凭借、倚仗。

㉒ 钵（bō）：和尚用的碗。

㉓ 犹：还，尚且。

㉔ 越明年：到了第二年。越，及、到。

㉕ 去：距离。

㉖ 顾：难道。

㉗ 哉（zāi）：表示反问语气，相当于"吗"。

㉘ 自败者也：是自己毁了自己。

㉙ 限：限制。

㉚ 自力者也：靠自己努力学成的。

课后习题

写一写

一、给下列加点的生字注音。

难矣（　　）　　　逮（　　）　　　怠（　　）

迄（　　）　　　屏（　　）弃　　　蜀（　　）之鄙（　　）　　　语（　　）于富者

何恃（　　）　　　饭钵（　　）　　　哉（　　）　　　　　惭（　　）色

二、填空。

1. 本文选自_____书，作者是_____，_____朝人。本文原题是"_____"。

2. 本文的中心论点是_____。

三、解释加点词语。

1. 解释句中"者"和"之"的意思。

① 学之，则难者亦易矣（　　）　　② 富者有惭色（　　）

③ 人之为学有难易乎（　　）　　④ 学之，则难者亦易矣（　　）

⑤ 吾欲之南海（　　）　　⑥ 蜀之鄙（　　）

⑦ 西蜀之去南海（　　）　　⑧ 人之立志（　　）

⑨ 蜀鄙之僧（　　）

2. 解释加点字的意思。

① 不逮人也（　　）　　② 迄乎成（　　）

③ 屏弃（　　）　　④ 岂有常哉（　　）

⑤ 蜀之鄙（　　）　　⑥ 语于富者（　　）

⑦ 西蜀之去南海（　　）　　　　　⑧ 顾不如（　　）

⑨ 越明年（　　）

四、"乎""矣""也""焉""哉"都是文言中常用的语气词，请在下面句子中填上恰当的语气词，并说明句子表达的语气。

① 天下事有难易（　　）？表达_____语气。

② 为之，则难者亦易（　　）。表达_____语气。

③ 吾数年来欲舟而下，犹未能（　　）。表达_____语气。

④ 僧富者不能至而贫者至（　　）。表达_____语气。

⑤ 人之立志，顾不如蜀鄙之僧（　　）？表达_____语气。

想一想

五、蜀鄙二僧的故事，告诉我们什么道理？

读一读

六、流利并有感情地朗读课文。

练一练

七、翻译以下句子。

1．人之为学有难易乎？学之，则难者亦易矣；不学，则易者亦难矣。

2．旦旦而学之，久而不怠焉。

3．吾数年来欲买舟而下，犹未能也。子何恃而往？

4．人之立志，顾不如蜀鄙之僧哉？

合作实践

八、分组合作，表演蜀鄙二僧的故事。

拓展阅读

学弈

弈秋，通国之善弈者也。使弈秋诲二人弈，其一人专心致志，惟弈秋之为听；一人虽听之，一心以为有鸿鹄将至，思援弓缴而射之。虽与之俱学，弗若之矣。为是其智弗若与？曰：非然也。

（选自《孟子·告子上》。《孟子》是孟子及其弟子合著，内容包括孟子的政治活动、政治学说、哲学思想和个性修养等。孟子名轲，战国时邹国人，著名的思想家、政治家、教育家。孟子是儒家思想的代表人物，世称"亚圣"，后世将其与孔子并称"孔孟"。）

孟子

译文 弈秋是全国最善于下棋的人。让弈秋教两个人下棋，其中一个人专心致志，只听弈秋的教导；而另一个人虽然也听讲，可是他心里却想着天上有天鹅要飞过，怎样拿弓箭去射它。这个人虽然和那个专心致志的人在一起学习，成绩却不如那个人。是他的智力不如前一个人吗？回答说：不是这样的。

思考问题

1. 两个学下棋的学生分别有什么表现？

2. 他们的成绩不同是因为智力原因吗？

课后练习参考答案

1 唐诗三首

《早发白帝城》

一、发（fā）　辞（cí）　帝（dì）　陵（líng）　岸（àn）　猿（yuán）
　　啼（tí）　舟（zhōu）

二、zhāo（朝霞）　cháo（朝向）　huán（还书）　hái（还有）
　　chóng（重复）　zhòng（重量）　fā（发现）　　fà（头发）

三、1. 唐　李白　七言绝句　　　2. 白帝　江陵　长江三峡

四、1. 看到了清晨，红日初升，整个白帝城笼罩在彩色云雾中。听到了猿的长鸣声在山谷中传响。

2. 这首诗描写了长江三峡水流湍急、轻舟飞驶的壮观景色。表现了诗人（重获自由）的激动和喜悦之情。

3. "千里江陵一日还"用"千里"与"一日还"做鲜明的对照，不难看出小船行驶速度之快；"两岸猿声啼不住"，船行驶速度快，诗人来不及看清楚两岸的美景，只能听到猿的长鸣声在山谷中回荡；"轻舟已过万重山"，"轻"字不仅可以看出小船行驶得快，还可以体会到当时诗人愉快的心情。

【拓展阅读】

《静夜思》描写了秋日夜晚诗人在屋内抬头望月的情景，表达了诗人浓浓的思乡之情。《早发白帝城》赞美了三峡壮丽的风光，表达了诗人喜悦激动的心情。

《绝句》

一、鹂（lí）　鸣（míng）　翠（cuì）　行（háng）　鹭（lù）　含（hán）
　　岭（lǐng）　泊（bó）

二、xíng（行走）　háng（银行）　bó（停泊）　pō（湖泊）

三、1. 唐　杜甫　七言绝句

2. 四　黄鹂鸣翠柳　白鹭上青天　西岭千秋雪　东吴万里船

四、1. 颜色词：黄、翠、白、青；声音词：鸣。

2. 静态描写：窗含西岭千秋雪，门泊东吴万里船。动态描写：两个黄鹂鸣翠柳，一行白鹭上青天。

3. 船来自"东吴"，表示战乱平定，交通恢复，诗人睹物生情，表达了思乡之情。

【拓展阅读】

1. 颜色词：碧、黄；动作词：穿、见、点、飞。

2. 动态描写：穿花蛱蝶深深见，点水蜻蜓款款飞。叶底黄鹂一两声。

静态描写：池上碧苔三四点。

《赋得古原草送别》

一、赋（fù）　离（lí）　枯荣（kū róng）　尽（jìn）　翠（cuì）　荒（huāng）　萋（qī）　侵（qīn）

二、dé（得到）　de（觉得）　děi（总得）

三、1. 远芳　晴翠　春季

2. 唐　白居易　古原上野草　友人　依依惜别/不舍

四、1. "野火烧不尽，春风吹又生。"特点：具有顽强的生命力。

2. "又送王孙去，萋萋满别情。"作者送别朋友时，连那繁茂的草儿也满怀离别之情。借春草表达离别之情，情景交融。

3. 告诉我们要像古原上的野草那样具有死而复生的顽强生命力，不被任何困难打倒。

4. 通过对古原上野草的描绘，将野草和送别巧妙地结合起来，表达了送别友人时的依依不舍之情。

【拓展阅读】

"海内存知己，天涯若比邻"这句诗比较乐观，更多地把目光投射到未来的人生中去，对未来充满希望和信心。"劝君更尽一杯酒，西出阳关无故人"这句诗比较忧伤，似乎前路漫漫，再也找不到知己，再也看不到什么希望，表达离别的伤感。

2 宋词两首

《水调歌头·明月几时有》

一、轼（shì） 阙（què） 长（cháng） 绮（qǐ） chán juān（婵）（娟） 弄（nòng）

二、把（执、持） 胜（承担、承受） 弄（赏玩） 何事（为什么）

三、我欲 又恐 何似

四、1．人间。

2．人间好。

3．"我欲乘风归去"。因为在人间，作者孤独、寂寞，感受到的只有失意和别离。

4．作者自比神仙，"欲"字和"恐"字，表示他想去月中宫殿，但却害怕那儿的寒冷，显示了苏轼内心矛盾的思想感情。

5．"起舞弄清影"的"弄"字是赏玩的意思，作者对着自己的影子起舞，说明当时身边没有人，"弄"字生动地反映了词人的孤独感。

6．无眠的人是作者苏轼。因为作者不能与亲人团圆，所以难以入睡。"转"和"低"准确生动地描写了月光的移动，暗示夜已深。

7．人世的聚合离散就像明月的阴晴圆缺，不是人能改变的。

8．"但愿人长久，千里共婵娟。"表达了作者对亲人的美好祝愿及乐观的情怀。

9．这首词表达了作者对美好生活的向往，对亲人的怀念和美好的祝愿，以及积极乐观的态度。

【拓展阅读】

1．作者对历史风流人物的追念。作者杀敌为国的场景。（刘裕）领军收复失地的场景。

2．① 比喻。"会挽雕弓如满月"，把雕弓比作满月。② 借代。"射天狼"，传说天狼星"主侵略"。此处指侵扰西北边境的西夏军队。③ 比喻和夸张。"金戈铁马，气吞万里如虎"。

《如梦令·常记溪亭日暮》

一、常（cháng） 溪（xī） 暮（mù） 沉（ chén ） 醉（zuì）
　　归（guī） 兴（xìng） 尽（jìn） 舟（zhōu） 误（wù）
　　藕（ǒu） 渡（dù） 滩（tān） 鸥（ōu） 鹭（lù）

二、常记（时常记起） 溪亭（临水的亭台） 日暮（黄昏时候）

沉醉（大醉） 兴尽（尽了兴致） 误入（不小心进入）

三、1．季节：夏季（有荷花的季节，正是盛夏）。时间：日暮。

地点：溪亭。做何事：（喝酒）沉醉。

2．因为开心而沉醉。"沉醉"表现出作者欢愉（高兴、快乐）的心情。"不知归路"表现出作者流连忘返的心情（作者因为玩得很开心而不舍得、不愿意离开）。

3．兴尽晚回舟，误入藕花深处。

4．"兴尽"可以知道作者游玩得十分愉快。由"藕花"联想到作者在荷塘。

5．"争渡"表达了作者急于从迷途中找到出路的着急心情。

6．溪亭日暮、藕花深处、一滩鸥鹭。

7．表达了作者热爱生活、热爱自然、热爱美好事物的思想感情。

【拓展阅读】

① 作者回忆故国的哀愁。② 离别之愁。

3 《塞翁失马》

一、塞（sài） 翁（wēng）慰（wèi） 损（sǔn） 惹（rě）

骏（jùn） 赞（zàn） 祸（huò） 鞭（biān） 侵（qīn）

召（zhào）瘸（qué） 倚（yǐ） 伏（fú） 兮（xī）

二、dǎo（倒霉） dào（倒车） shě（恋恋不舍） shè（宿舍）

chǔ（处理） chù（到处） sài（边塞） sāi（塞车）

三、1．固定 感情色彩 著作 历史故事 四

2．倚 伏 相依 泰然

四、1．有一天，塞翁的一匹马走失了。塞翁觉得走失了一匹马损失不算大，也许还会带来福气呢。

2．丢失的马后来带回一匹匈奴骏马，邻居们都来祝贺塞翁，认为塞翁有福气，料事如神。但塞翁却满怀忧虑，他觉得这可能并不是什么好事，说不定会惹来祸事。

3．文章通过语言描写刻画了塞翁冷静、不被表象所迷惑、有长远眼光、看问题全面的性格特征。

4．提示："塞翁失马"比喻虽然一时受到损失，但也许能因此得到好处。也指坏事在一定条件下可以变为好事。这个故事的寓意是告诉人们要用发展的眼光辩证地去看问题，保持乐观的态度。无论遇到好事还是坏事，要调整自己的心态，考虑到事物有可能出现的极端变化。

5．塞翁失马，焉知非福。

六、提示：在现实生活中，祸与福，得与失，往往都是可以转化的。例如，我们平时考试的一次失利，如果能够分析失败的原因，总结经验，奋起直追，就能转败为胜。

【拓展阅读】

1．提示：第一，多学习。不管处在什么年龄段，不管是做什么行业的工作都需要不断学习。作为学生可以多了解历史文化及当下最新的知识等。学习的途径可以是多种多样的，如阅读、实践等。第二，多看看外面的世界。眼界不仅仅是通过学习、看书提升的。还需要我们多见见世面，多去外面转转，如游览等。通过感知外面世界来拓展自己的眼界，提升自己的认识。

2．（略）

4　《闻鸡起舞》

一、晋（jìn）　逖（tì）　坦（tǎn）　效（xiào）　汲（jí）　佐（zuǒ）　荐（jiàn）
懈（xiè）　榻（tà）　剑（jiàn）　覆（fù）　挥（huī）　兼（jiān）　略（lüè）
勤（qín）

二、cháng（长短）　　zhǎng（长大）　　lěi（日积月累）　　lèi（劳累）
jiān（时间）　　jiàn（间断）

三、1．胸怀坦荡　远大抱负　报效　勤学苦读

2．书籍　知识　求学　长进

3．起床练剑　间断

四、1．"闻鸡起舞"这个故事讲述的是晋代名将祖逖和他的好友刘琨的故事。

2．因为祖逖是一个胸怀坦荡、具有远大抱负的人，他深感不读书无以报效国家，于是每天勤学苦读。他广泛阅读书籍，认真学习历史，从中汲取了丰富的知识，他还多次到京都洛阳求学。在日积月累中，他的学问大有长进。

3．同榻而卧，同床而眠。

4．他们每天鸡鸣后就起床练剑。祖逖手持长剑，刘琨手挥大刀，在皎洁的月光下，刀光剑影，认真地挥舞起来。春去冬来，寒来暑往，从不间断。

5．实现了。要学习祖逖勤奋刻苦、坚持不懈的精神，学习才会有所收获。做任何事情都要持之以恒，坚持不懈，而且，还要有远大的抱负，这样自己的梦想才有可能实现。

6．（略）

【拓展阅读】

（略）

5 《赵州桥》

一、洨（xiáo） 拱（gǒng） 隋（suí） 匠（jiàng） 砌（qì） 墩（dūn） 毁（huǐ）
坚（jiān） 雕（diāo） 缠（chán） 绕（rào） 抵（dǐ） 智（zhì） 慧（huì）
遗（yí）

二、zhǎo（鹰爪） zhuǎ（爪子） gān（干净） gàn（才干）
shěng（节省） xǐng（反省）

三、1．列数字 作比较 打比方 作诠释 摹状貌（任选两个填入即可）。时间顺序 空间顺序 逻辑顺序。

2．（略）

四、1．赵州桥的特点：雄伟、坚固、美观。

2．这种设计指：这么长的桥，全部用石头砌成，……还各有两个拱形的小桥洞。特点：大桥洞顶上的左右两边，还各有两个拱形的小桥洞。作用：既减轻了流水对桥身的冲击力，使桥不容易被大水冲毁，又减轻了桥身的重量，节省了石料。

3．过渡句，承上启下，引出下文。

4．列数字（桥长五十多米，有九米多宽/横跨在三十七米多宽的河面上）、作诠释（这种设计……节省了石料）、摹状貌（有的刻着两条相互缠绕的龙，……；有的……；还有的……）

5．空间顺序（第 2、3 段）、逻辑顺序（全文由整体到局部）。

【拓展阅读】

1．联拱、坚固、美观。

2．列数字（桥长 265 米，由 11 个半圆形的石拱组成，每个石拱长度不一，自 16 米到 21.6 米。桥宽约 8 米）、下定义（每两个石拱之间有石砌桥墩，把 11 个石拱联成一个整体。由于各拱相连，所以这种桥叫作联拱石桥）、摹状貌（这些石刻狮子，有的母子相抱，有的交头接耳，有的像倾听水声，有的像注视行人，千态万状，惟妙惟肖。）

6 《苏州园林》

一、鉴（jiàn） 映（yìng） 壑（hè） 模（mú） 珑（lóng） 审（shěn） 镂（lòu）
砌（qì） 磨（mó） 尽（jǐn） 峦（luán） 嶂（zhàng） 俯（fǔ） 仰（yǎng）
嶙（lín） 峋（xún） 斟（zhēn） 酌（zhuó）

二、chǔ（相处）　　chù（到处）　　chèn（对称）　　chēng（称赞）

　　jiǎ（真假）　　jià（放假）　　mú（模样）　　mó（模型）

　　qū（弯曲）　　qǔ（歌曲）　　jǐn（尽量/尽管）　　jìn（尽头/尽力）

三、1．叶圣陶　作家　教育家　优秀的语言艺术家　《稻草人》《倪焕之》

2．（1）鉴赏（2）艺术、技术（3）图案、美术（4）依傍（5）忽略、图画（6）闲适

四、1．苏州园林是我国各地园林的标本，各地园林或多或少都受到苏州园林的影响。

2．苏州园林的总体特征：使游览者无论站在哪个点上，眼前总是一幅完美的图画。

课文分别从7个方面进行了具体说明：亭台轩榭的布局、假山池沼的配合、花草树木的映衬、近景远景的层次、每一个角落、门和窗、极少使用彩绘。

3．三个部分：第一部分（第1段）苏州园林在园林艺术中的重要地位；第二部分（第2～9段）从7个方面说明苏州园林图画美的总特征；第三部分（第10段）指出苏州园林的美还有很多，引人回味。

4．（1）作比较：第3段"我国的建筑，从古代的宫殿到近代的一般住房，绝大部分是对称的，左边怎么样，右边也怎么样。苏州园林可绝不讲究对称，好像故意避免似的。"将苏州园林内亭台轩榭的布局跟宫殿和住宅相比，突出了苏州园林讲究"自然之趣"的特点；第5段"没有修剪得像宝塔那样的松柏，没有阅兵式似的道旁树"表现了我国传统的审美观点和民族的特有风格；第9段"与北京的园林不同，极少使用彩绘。梁和柱子以及门窗栏杆大多漆广漆，那是不刺眼的颜色。"通过苏州园林与北京园林的比较，突出强调了苏州园林极少使用彩绘的特点。

（2）举例子：第2段"游览者来到园里，没有一个不心里想着口头说着'如在画图中'的"，以游览者为例，具体形象地说明苏州园林是一幅完美的图画的特点；第4段"池沼或河道的边沿……从各个角度看都成一幅画的效果。"以池沼或河道的边沿为例，具体形象说明了池沼的自然之趣；第5段"有几个园里有古老的藤萝，……一幅好画。"以几条园里的古藤为例，形象地说明了苏州园林花树的艺术风采；第7段"阶砌旁边……几棵芭蕉。"以阶砌旁边的书带草为例，说明了苏州园林角落的图画美。

（3）摹状貌：第5段"有几个园里有古老的藤萝，盘曲嶙峋的枝干就是一幅好画。"生动形象地刻画了藤萝和枝干的形态，说明苏州园林树木的栽种和修剪着眼在画意的特点。

（4）打比方：第3段"我想，用图画来比方，对称的……是不讲究对称的。"通过打比方，将园林比作美术画，说明其布局不讲究对称，讲究自然之趣。

5．先总说后分说的顺序。第2段先总说苏州园林的总特征，3～9段分别从7个方面分别具体说明这一总特征。

【拓展阅读】

1．游览顺序：长廊、万寿山脚下、佛香阁前、昆明湖。

课文可以体现的语句：进了颐和园大门，绕过大殿，就来到有名的长廊。走完长廊，就来到了万寿山脚下。登上万寿山，站在佛香阁的前面向下望，颐和园的景色大半收在眼底。从万寿山下来，就是昆明湖。

2. 苏州园林：极少使用彩绘。梁和柱子以及门窗栏杆大多漆广漆，那是不刺眼的颜色。
颐和园：绿漆的柱子，红漆的栏杆，一眼望不到头。每一间的横槛上都有五彩的画。

7　《我的伯父鲁迅先生》

一、悼（dào）　挽（wǎn）　抚（fǔ）　囫（hú）　囵（lún）　羞（xiū）　愧（kuì）
悔（huǐ）　恍（huǎng）　悟（wù）　爆（bào）　皱（zhòu）　呻（shēn）　吟（yín）
淌（tǎng）　摊（tān）　蹲（dūn）　镊（niè）　敷（fū）　扎（zā）　奥（ào）
慈（cí）　祥（xiáng）　逝（shì）　嗽（sòu）

二、āi（挨着）　ái（挨打）　gēng（更正）　gèng（更加）
hào（号码）　háo（怒号）　zhèng（正确）　zhēng（正月）

三、张（冠）李（戴）　　　（囫）（囵）吞枣　　三（更）半（夜）
（饱）经风（霜）　　　（失）声（痛）哭　　接（连）不（断）

四、（各色各样）的人　　（囫囵吞枣）地看　　（张冠李戴）地乱说　　（饱经风霜）
的脸　　（枯瘦）的手　　（呼呼）的北风

五、1. 周晔　趣谈《水浒传》　笑谈"碰壁"　齐放花筒（或快乐除夕）　救
助车夫　关心女佣　热爱与敬仰

2.（1）当时的黑暗社会，人们连一点自由和民主都没有。

（2）与反动派做斗争的时候受到的挫折与迫害。

（3）用含蓄、幽默的语气批评"我"读书不认真。

六、1. 从"许多人都来追悼他……各色各样的人都有"这些语句中可以看出鲁迅先生
深受人们的爱戴。

2. 因为"我"听出了伯父的话中之意。伯父说自己记性好，实际上是说自己读书比"我"
认真。伯父说这话是在委婉地批评"我"的学习态度，教育"我"读书要认真，不能囫囵
吞枣。

3. "他们把那个拉车的扶上车子，一个蹲着，一个半跪着，爸爸拿镊子夹出碎玻璃片，
伯父拿硼酸水给他洗干净。他们又给他敷上药，扎好绷带。""伯父又掏出一些钱来给他，
叫他在家里休养几天，把剩下的药和绷带也给了他。"一系列动词：扶、蹲、半跪、夹出、
洗、敷、扎。这些动词写出了伯父和爸爸对车夫的救护是非常尽心细致的。刻画出了鲁迅
先生对劳动人民深切的同情。

4. 鲁迅先生是一个爱憎分明，为自己想得少，为别人想得多的人。

【拓展阅读】

通过写月夜刺猹的情景，写出了闰土的机敏与勇敢；通过初次相识的外貌描写，写出

了闰土的天真活泼、健康可爱；通过大篇幅的闰土给"我"讲许多新鲜事的描写，写出了闰土的聪明能干、见多识广。

8 《那个星期天》

一、盼（pàn）　昏（hūn）　媚（mèi）　唬（hǔ）　砖（zhuān）　蹲（dūn）

拨（bō）　叨（dāo）　绊（bàn）　绞（jiǎo）　谅（liàng）　耽（dān）

搁（gē）　揉（róu）　绽（zhàn）　郁（yù）　惆（chóu）　怅（chàng）

搓（cuō）　荒（huāng）

二、yīng（应该）　yìng（答应）　cáng（躲藏）　zàng（藏族）

xià（吓唬）　hè（恐吓）　xīng（兴旺）　xìng（高兴）

kòng（填空）　kōng（空气）　luò（落空）　là（落下）

三、1．记人　叙事　人物的经历

2．时间　地点　人物　起因　结果

3．顺叙　倒叙　插叙

四、

时间	事情经过		"我"的感情变化
	母亲	"我"	
早晨	起床 刷牙 吃饭 提着菜篮出来	起床 刷牙 吃饭 跑出去 藏门后	兴奋 急切
上午	买菜 翻箱倒柜 忙开了	跳房子 看云彩 拨弄蚁穴 翻看画报 跟在母亲脚下	焦急 兴奋
下午	洗衣服	午觉睡过头 看母亲洗衣服	焦急 惆怅
黄昏	洗衣服　道歉	不出声地流泪	失望 委屈

五、1．"昏暗下去"有两层含义，既点明了傍晚来临，天色越来越暗，也暗示了"我"由期待到失望、委屈的心理变化。

2．首先，通过描写母亲的双腿不停晃动，展现了母亲忙碌的情景，给人一种真切的感觉。其次，也写出了"我"当时紧紧地跟在母亲身边，寸步不离的情景，形象地表现了"我"内心的急切。

3．"我"忽然明白母亲继续劳作，丝毫没有要带"我"出去的意思。（随着天色越来越暗，天越来越凉，这漫长的一天终于就这样无果而终了。之前"我"一直怀着期待，一直在盼望，可现在"我"终于明白出去玩这件事是不可能的了。）

六、1．"我"盼望母亲快点洗完衣服好带"我"出去玩。在写"盼"的心情时，作者采用了动作描写和心理独白相结合的方式。首先通过"蹲""看着""一声不吭"等动作表现了"我"的默默期盼；然后通过心理独白的方式写出了"我"为自己睡过头而自责的心情，以及洗完衣服以后就拉妈妈走的决心。

2．这个片段表现了"我"极度失落、委屈的心情。写外在的光线和声音，可以更好地表达作者内心难以名状的感受；时间过去那么久了，作者依然能记得当时的具体情景，光线的变化、黄昏的到来、搓衣服的声音，这些都留存在作者的脑海中，可见当时作者内心受到了极大触动。

【练一练】

点拨：心情不同，对事物的看法也会不同。左栏因为自己的愿望得到了满足，心情愉快，所以看到花儿是"微笑"的、鸟儿是"欢唱"的、树叶是"高兴"的，这些景物自然表达了愿望得到满足之后的喜悦之情。右栏因比赛输了而心中郁闷，于是借助写花儿"无精打采"、小鸟在"讥笑我"，表达了"我"球赛失败以后内心沮丧而懊悔的心情。选择情境进行写作时，要通过对周围景物的不同描述来表现心情"好"与"不好"两种状态，可以适当运用拟人等手法，赋予景物以人的情感。

情境：奔跑在草地上

心情"好"：阳光微笑着洒满我的全身，春风像一个调皮的孩子轻吻我的脖子。金黄的花田成了蝴蝶的天地，五颜六色的蝴蝶在金黄色的舞台上跳着柔和而优美的舞蹈，好像在赞美春天的美丽。

心情"不好"：阳光晃得我有点眼晕，春风夹杂着尘土，把我的头发吹得乱七八糟。而那些小黄花，好像也要跟我作对似的，不停地晃动着它黄黄的花朵，让本来有点眼晕的我更加难受。

9　《桂林山水》

一、漾（yàng）漓（lí）　澜（lán）　瑕（xiá）　翡（fěi）　纹（wén）　峦（luán）
兀（wù）　筏（fá）　绵（mián）屏障（píng）（zhàng）　骆驼（luò）（tuo）

二、sì（似乎）shì（似的）　juàn（画卷）juǎn（翻卷）　fú（仿佛）fó（佛教）

三、（波澜壮阔）的大海　（无瑕）的翡翠　（峰峦雄伟）的泰山
（水平如镜）的西湖　（新生）的竹笋　（连绵不断）的画卷

四、1．散文　叙事　记人　状物　写景　喻理

2．大海　西湖　静　清　绿；泰山　香山　奇　秀　险

3．总分总；桂林山水甲天下　桂林山和水　对桂林山水的感受

五、1．桂林山水的美天下第一。总领全文的作用。

2．将漓江与大海和西湖进行对比，说明这些美景虽然美，但都比不上漓江水的美，突出漓江水是多么的迷人。

3．运用排比的修辞方法。排比句读起来朗朗上口，能增强文章的表达效果。文中用排比描写漓江，将漓江的特点写得细致入微，使表达层次更清楚、描写更细腻、形象更生动。

4．用泰山和香山跟桂林的山作比较，突出桂林的山奇、秀、险的特点。

5．小竹筏漂行在碧绿的漓江上，人就像在美丽的图画中游走。起烘托氛围、总结全文的作用。

【拓展阅读】

1．把春天比作"刚落地的娃娃"，因为春天像新的生命一样，给人无限希望；把春天比作"小姑娘"，赞美春天美，像漂亮可爱的女孩一样，给人无限愉悦；把春天比作"健壮的青年"，形容春天像强壮的小伙子一样，给人无限力量。

2．一年的计划要在春天考虑和安排。比喻凡事要早做打算，开头就要抓紧。

10　《从百草园到三味书屋》

一、凿（záo）　畦（qí）　吟（yín）　捷（jié）　窜（cuàn）　霄（xiāo）　攒（cuán）
脊（jǐ）　梁（liáng）　敛（liǎn）　塑（sù）　鉴（jiàn）　罕（hǎn）　觅（mì）
躁（zào）

二、sù（宿舍）　xiǔ（三天两宿）　　xì（关系）　jì（系鞋带）
cuán（人头攒动）　zǎn（积攒）

三、1．文学家　《呐喊》　《朝花夕拾》　《且介亭杂文》

2．(1) 碧绿　光滑　高大　紫红　肥胖　轻捷　　(2) 扫开　露出　支起　撒　系　牵　看　拉　罩

四、1．视觉、听觉、味觉、触觉。

采取由远及近、从静到动、先夏后冬的顺序，对百草园的景物进行有层次的描述。先写远远望见的、粗线条的景物，如菜畦、皂荚树；再写身边、脚下、眼前的景物，如何首乌根、覆盆子果实；先写静止的，如石井栏，再写动态的，如叫天子；先写生机勃勃的夏季，再写别有情趣的冬季。

2．趣事：听油蛉和蟋蟀唱歌、翻砖找蜈蚣、按斑蝥、拔何首乌、摘覆盆子。传说：美女蛇的传说。

3．前两个"不必说"是为了撇开一些东西，是为了突出下面"单是"的内容。既然"单是"已经趣味无穷，也就使人感到园中的乐趣到处皆是了。这样写突出了百草园的无穷乐趣。

4．采用了比喻、拟人的修辞手法。比喻，如写覆盆子，像"小珊瑚珠攒成的小球"。拟人，如"蟋蟀们在这里弹琴"。这些修辞手法的运用突出了百草园的乐趣。

5．高而瘦的老人、须发都花白了、戴着大眼镜。方正、质朴、博学。一是知识渊博，

但拒绝回答"怪哉"一类的问题。二是教学认真，不断增加教学内容。三是不太束缚学生。

6.（1）"怪哉"是怎么回事？（2）折蜡梅花；寻蝉蜕；捉苍蝇喂蚂蚁。（3）用纸糊的盔甲套在指甲上做戏。（4）用荆川纸蒙在小说绣像上画画等。作者对三味书屋的感受：三味书屋苦中有乐。虽然先生要求严厉，不自由，但是同学情和师生情弥足珍贵。

【拓展阅读】

1．花生的好处：味美、可以榨油、价钱便宜。

花生最可贵的是：它的果实埋在地里，不像桃子、石榴、苹果那样，把鲜红嫩绿的果实高高地挂在枝头上，使人一见就生爱慕之心。

2．父亲希望我们做一个默默无闻，无私奉献，对社会有用的人，不要做华而不实的人。

11　《论语十则》

一、论（lún）　亦（yì）　说（yuè）　愠（yùn）　吾（wú）　三省（xǐng）

谋（móu）　罔（wǎng）　殆（dài）　诲女（huì）（rǔ）　弘毅（hóng）（yì）

焉（yān）　仁（rén）　凋（diāo）　恕（shù）

二、1．学习老师传授过的知识并时常复习，不也非常愉快吗？说，愉快。

2．我每天多次地反省自己。三，多次。省，反省。

3．温习学过的知识，可得到新的理解与体会。故，旧的知识。

4．只读书却不思考，就会迷惑；只是思考而不读书，就会疑惑。罔，迷惑。殆，疑惑。

5．见到贤人就向他学习，希望能和他看齐。贤，德才兼备的人。

6．几个人一起行走，其中必定有可作为我的老师的人。三人，泛指多人。

7．有抱负的人不可以不刚强、勇敢。弘毅，刚强、勇敢。

8．自己都不愿意的事情，不要强行施加在别人身上。欲，想、愿意。施，施加。

三、1．丘　仲尼　春秋　教育　思想　儒

2．儒　孔子　言行

3．有朋自远方来，不亦乐乎

4．人不知而不愠，不亦君子乎

5．温故而知新，可以为师矣

6．学而不思则罔，思而不学则殆

7．知之为知之，不知为不知

8．见贤思齐焉，见不贤而内自省也

9．恕　己所不欲，勿施于人

四、1．温故知新　见贤思齐　任重道远　死而后已　己所不欲，勿施于人

【拓展阅读】

1．比喻。时间匆匆流逝，一去不复返。

2．孔子认为人的志向非常重要，不能轻易改变。

12　《为学》

一、矣（yǐ）　逮（dài）　怠（dài）　迄（qì）　屏（bǐng）　蜀（shǔ）

鄙（bǐ）　语（yù）　恃（shì）　钵（bō）　哉（zāi）　惭（cán）

二、1．《白鹤堂文集》　彭端淑　清　为学一首示子侄

2．人之为学有难易乎？学之，则难者亦易矣；不学，则易者亦难矣

三、1．①……的事情　②……的人　③主谓之间，取消句子独立性，不翻译

④它　⑤往，到　⑥的　⑦主谓之间，取消句子独立性，不翻译

⑧主谓之间，取消句子独立性，不翻译　⑨的

2．①及，赶得上　②等到　③舍弃　④常规，永远不变的　⑤边境

⑥告诉，对……说　⑦距离　⑧难道　⑨及，到

四、①乎　疑问　②矣　感叹　③也　肯定　④焉　加强　⑤哉　反问

五、人之立志，顾不如蜀鄙之僧哉？这个故事中贫富两个和尚都想去南海，但是贫和尚凭着一瓶一钵和坚定的信念，达成了心愿；而富和尚虽然有钱，但因为自己的犹豫，终没能达到目标。通过两个和尚的故事，告诉我们难易和成败没有必然的联系。有志者事竟成，只要坚定地朝着目标走去，必定能达到终点。

六、（略）

七、1．人们做学问有困难和容易的区别吗？只要肯学，那么困难的学问也变得容易了；如果不学，那么容易的学问也变得困难了。

2．每天不停地学习，长久坚持不懈怠。

3．我几年来想要雇船沿着长江下游去南海，尚且没有成功。你凭借着什么去？

4．一个人立志求学，难道还不如四川边境的那个穷和尚吗？

八、（略）

【拓展阅读】

1．一个人专心致志；另一个人心里却想着天上有天鹅要飞过，怎样拿弓箭去射它。

2．不是的，是看这个人能不能专心学习。